ACCESO GRATIS ***a la Lectura en la Nube***

Para visualizar el libro electrónico en la nube de lectura envíe junto a su nombre y apellidos una fotografía del código de barras situado en la contraportada del libro y otra del ticket de compra a la dirección:

ebooktirant@tirant.com

En un máximo de 72 horas laborales le enviaremos el código de acceso con sus instrucciones.

ANUARIO DE POLÍTICA ECONÓMICA 2025

ANUARIO DE POLÍTICA ECONÓMICA 2025

Coordinación
Luz Dary Ramírez Franco
Antonio Sánchez Andrés

tirant lo blanch
Valencia, 2025

En caso de erratas y actualizaciones, la Editorial Tirant lo Blanch publicará la pertinente corrección en la página web www.tirant.com.

EDITA: TIRANT LO BLANCH
C/ Artes Gráficas, 14 - 46010 - Valencia
TELFS.: 96/361 00 48 - 50
FAX: 96/369 41 51
Email: tlb@tirant.com
www.tirant.com
Librería virtual: www.tirant.es
DEPÓSITO LEGAL: V-447-2026
ISBN: 979-13-7021-691-7

Si tiene alguna queja o sugerencia, envíenos un mail a: *atencioncliente@tirant.com*. En caso de no ser atendida su sugerencia, por favor, lea en *www.tirant.net/index.php/empresa/politicas-de-empresa* nuestro procedimiento de quejas.

Responsabilidad Social Corporativa: http://www.tirant.net/Docs/RSCTirant.pdf

Índice

Prólogo ... 11
Luz Dary Ramírez Franco

PARTE I.
POLÍTICA ECONÓMICA INTERNACIONAL COMPARADA

Política económica en Egipto ... 15
Ángel Soler Guillén
1. LOS PROBLEMAS DE LA ECONOMÍA DE EGIPTO ... 15
2. EL DISEÑO DE LA POLÍTICA ECONÓMICA ... 20
3. EJECUCIÓN DE LA POLÍTICA ECONÓMICA Y RESULTADOS ... 22

Política Económica en la India ... 25
Maja Barac
1. PROBLEMAS EN LA ECONOMÍA INDIA ... 25
2. DISEÑO DE LA POLÍTICA ECONÓMICA ... 27
3. EJECUCIÓN DE LA POLÍTICA ECONÓMICA Y RESULTADO ... 33

Política económica en Japón ... 37
Margarita Rohr
1. PROBLEMAS EN LA ECONOMÍA JAPONESA ... 37
2. DISEÑO DE LA POLÍTICA ECONÓMICA ... 39
3. EJECUCIÓN DE LA POLÍTICA ECONÓMICA Y RESULTADOS ... 44

Política Económica en El Salvador ... 51
Henry Aray
1.- LOS PROBLEMAS DE LA ECONOMÍA DE EL SALVADOR ... 51
2.- DISEÑO DE LA POLÍTICA ECONÓMICA ... 53
3.- EJECUCIÓN DE LA POLÍTICA ECONÓMICA Y RESULTADO ... 56

Política económica en Estados Unidos ... 61
Ferran Moncho Gonzálbez
Antonio Sánchez Andrés
1. PROBLEMAS EN LA ECONOMÍA ESTADOUNIDENSE ... 61
2. DISEÑO DE LA POLÍTICA ECONÓMICA ... 63
3. EJECUCIÓN DE LA POLÍTICA ECONÓMICA Y RESULTADOS ... 67

Política económica Perú 73
Carlos Alberto Abreo Villamizar
Luz Dary Ramírez Franco
Oscar Ricardo Picón Acevedo
1. LOS PROBLEMAS EN LA ECONOMÍA DE PERÚ 73
2. EL DISEÑO DE LA POLÍTICA ECONÓMICA 75
3. EJECUCIÓN DE LA POLÍTICA ECONÓMICA Y RESULTADOS 77

PARTE II.
TEMAS ACTUALES DE POLÍTICA ECONÓMICA

La política Económica en los países en guerra 83
Luz Dary Ramírez Franco
Antonio Sánchez Andrés
I. CONTEXTUALIZACIÓN HISTÓRICA Y TIPOLOGÍA DE LOS CONFLICTOS CONTEMPORÁNEOS 83
II. LA POLÍTICA ECONÓMICA 87
III. CONCLUISONES. 91
IV. REFERENCIAS BILIOGRÁFICAS 92

Del relato a los hechos: el reciente despliegue de las políticas transformadoras de economía social y solidaria en el mundo 95
Rafael Chaves
EL LARGO CAMINO HACIA UN DISCURSO CONSENSUADO A NIVEL INTERNACIONAL SOBRE LA ECONOMÍA SOCIAL Y SOLIDARIA 95
EL DESPLIEGUE DE LAS POLÍTICAS TRANSFORMADORAS DE LA ESS EN EL MUNDO 98
TENDENCIAS Y RETOS DE LAS POLÍTICAS DE LA ESS 101

Políticas de vivienda después de la crisis. Una evaluación crítica 105
Juan González Alegre
1. INTRODUCCIÓN 105
2. PRINCIPALES HITOS RECIENTES DE POLÍTICA ECONÓMICA 106
3. RASGOS COMUNES DE LAS POLÍTICAS DE VIVIENDA CON LA CORRIENTE CONTEMPORÁNEA 109
4. CONCLUSIONES 113
5. REFERENCIAS BIBLIOGRÁFICAS 114

El problema de la vivienda en España: la dinámica de la oferta y la demanda privadas y la necesidad de mercados públicos para un bien esencial 117
Rubén Garrido-Yserte
Maria Teresa Gallo –Rivera
1. INTRODUCCIÓN 117
2. LA VIVIENDA COMO BIEN DE USO Y COMO BIEN DE INVERSIÓN: ¿UN DIFÍCIL ENCAJE PARA EL MERCADO? 119
3. LA POLÍTICA PÚBLICA PARA UNA VIVIENDA ASEQUIBLE: EL CONCURSO DE TODAS LAS PARTES Y EN TODOS LOS FRENTES 125

Inmigración y sostenibilidad del Estado de bienestar 131
Carlos Ochando Claramunt
1. INTRODUCCIÓN 131
2. INMIGRACIÓN Y SOSTENIBILIDAD DEL ESTADO DEL BIENESTAR: CONEXIONES TEÓRICAS. 131
3. INMIGRACIÓN Y SEGURIDAD SOCIAL. 134
4. APORTES Y LÍMITES DE LA INMIGRACIÓN EN EL SOSTENIMIENTO DEL ESTADO DE BIENESTAR: UNA REVISIÓN BIBLIOGRÁFICA. 139
5. CONCLUSIONES. 141
6. REFERENCIAS BIBLIOGRÁFICAS 142

Emprendimiento migrante Sur-Sur: El caso de los emprendedores venezolanos en Lima, Perú 145
Sergio Afcha
Jose Ignacio Pineda Mendoza
INTRODUCCIÓN 145
LA MIGRACIÓN VENEZOLANA Y LA TRANSFORMACIÓN DE LA CIUDAD 146
EL EMPRENDIMIENTO COMO MECANISMO DE INSERCIÓN ECONÓMICA 146
QUÉ IMPULSA EL ÉXITO EMPRENDEDOR 147
FORMALIZACIÓN Y SOSTENIBILIDAD 149
LECCIONES DE LOS CASOS DE ÉXITO EMPRENDEDOR EN LA POLÍTICA MIGRATORIA 150
ORIENTACIONES DE POLÍTICA 151
CONCLUSIONES 152

Prólogo

La edición 2025 del *Anuario de Política Económica* alcanza su undécima publicación y celebra, al mismo tiempo, el **décimo aniversario de las Jornadas de Política Económica**, consolidadas como un referente de análisis, debate y difusión de la investigación aplicada en el campo de la política económica. A lo largo de esta década, este proyecto colectivo ha crecido en alcance y profundidad, reuniendo a investigadores e investigadoras de distintas universidades y países para examinar, desde una perspectiva comparada, los desafíos contemporáneos que enfrenta la acción pública en un mundo interdependiente.

El volumen 2025 se organiza en **dos partes complementarias**. La **Primera Parte**, *Política Económica Internacional Comparada*, analiza la evolución reciente de las políticas económicas en **Japón, India, Perú, Egipto, Estados Unidos y El Salvador**. Cada estudio examina el diseño de la política económica, su orientación macroeconómica y los resultados obtenidos, lo que permite establecer un contraste útil entre distintas trayectorias nacionales y modelos de desarrollo. Las contribuciones subrayan la importancia de la política económica como instrumento de estabilidad, innovación y bienestar, destacando cómo las respuestas ante la inflación, la desigualdad o la transición energética varían según las condiciones estructurales de cada país.

La **Segunda Parte**, Temas actuales de Política Económica, aborda cuestiones transversales de notable relevancia social, entre ellas la inmigración y la sostenibilidad del Estado de bienestar, el emprendimiento en contextos migratorios, las políticas de vivienda, la economía social y solidaria y la política económica en escenarios de conflicto. En su conjunto, estos estudios expresan la vocación del Anuario por articular perspectivas económicas y sociales, conjugando el rigor empírico con la reflexión crítica y el compromiso académico ante los desafíos contemporáneos del desarrollo humano y sostenible.

Para conmemorar el décimo aniversario de las Jornadas, la sesión de clausura estuvo dedicada a una conferencia sobre cambio climático, transición energética y el papel de las energías renovables. Este tema, de plena actualidad, se incorporó a la edición como reflexión sobre el papel de la política económica como herramienta de transformación frente a los grandes desafíos de nuestro tiempo, entre ellos la crisis climática, la desigualdad y la redefinición de las funciones del Estado en la economía global.

El *Anuario de Política Económica 2025* es fruto del esfuerzo conjunto de la **Cátedra de Política Económica y Social de la Comunitat Valenciana**, la

Unidad Docente de Política Económica (del Departamento de Economía Aplicada) de la Universitat de València y del equipo de autores que, con dedicación y excelencia, continúan fortaleciendo este espacio académico.

A todos ellos, y en especial al profesor **Antonio Sánchez Andrés**, coordinador de las Jornadas y referente indiscutible en el estudio de la política económica comparada, expreso mi reconocimiento y gratitud por su compromiso constante con la investigación, la docencia y la difusión del conocimiento.

Con esta edición celebramos diez años de trabajo continuo y de reflexión colectiva sobre la economía entendida como instrumento de equidad, bienestar y sostenibilidad. Invito al lector a recorrer sus páginas con espíritu crítico, académico y constructivo.

LUZ DARY RAMÍREZ FRANCO
Coordinadora de la edición 2025
Departamento de Economía Aplicada
Unidad Docente Política Económica
Universitat de València

PARTE I.

POLÍTICA ECONÓMICA INTERNACIONAL COMPARADA

Política económica en Egipto

ÁNGEL SOLER GUILLÉN
Departamento de Economía Aplicada-Política Económica
Universidad de Valencia

1. LOS PROBLEMAS DE LA ECONOMÍA DE EGIPTO

Egipto se sitúa en el noreste de África, con una posición estratégica que conecta África y Asia a través de la península del Sinaí. Limita al norte con el mar Mediterráneo y al este con el mar Rojo, además de compartir fronteras terrestres con Libia al oeste, Sudán al sur e Israel y la Franja de Gaza al noreste, lo que en el contexto bélico actual le ha llevado a tener una posición muy relevante como canalizador de la ayuda humanitaria a la población gazatí. Culturalmente se considera a Egipto como uno de los países con mayor representación histórica del mundo árabe y musulmán, y un rico legado faraónico que convive con una sociedad moderna. Con más de 110 millones de habitantes, Egipto es el país árabe más poblado y concentra la mayor parte de su población a lo largo del fértil valle y delta del Nilo. Entre sus principales fortalezas geopolíticas destaca el Canal de Suez, vía marítima fundamental para el comercio mundial entre Europa y Asia. No obstante, el país afronta desafíos vinculados a tensiones regionales, a cuestiones de seguridad en la península del Sinaí y a una estabilidad política interna que, en ocasiones, se ha visto afectada por conflictos y protestas sociales.

Su extensión es de 995.450 km^2, lo que sitúa entre los 10 países más extensos de África, aunque su gran peculiaridad es que la mayor parte del territorio es desértico, por lo que casi toda la población se concentra en apenas un 4% de la superficie, principalmente en el valle y delta del Nilo. En 2023, la densidad de población alcanza los 106,2 habitantes por km^2, casi triplicando la cifra de 1971 (35,6 hab/km^2), lo que muestra una presión creciente sobre los recursos habitables. Los indicadores demográficos evidencian una transición hacia una estructura poblacional más madura: la población total se ha más que triplicado en algo más de cinco décadas, pasando de 35,4 millones en 1971 a 114,5 millones en 2023, con una tasa de crecimiento anual media acumulativa del 2,3%. La esperanza de vida al nacer muestra avances sustanciales, al aumentar de 49,5 años en 1971 a 71,6 años en la actualidad, gracias a mejoras en la atención sanitaria y las condiciones de vida. La proporción de población joven (0 a 14 años) ha disminuido del 41,3% al 32,4% del total, mientras que la población en edad laboral (15 a 64 años) ha crecido del 54,7% al 62,6%, indicando una ventana de oportunidad demográfica. Por su parte, la población de 65 años o más ha aumentado ligeramente, del 3,9% al 5%, lo que anticipa un proceso de envejecimiento incipiente.

Además, los indicadores de natalidad y mortalidad reflejan claramente el proceso de transición demográfica que Egipto ha experimentado en las últimas cinco décadas. La tasa bruta de natalidad se ha reducido de 41,8 nacimientos por cada 1.000 personas en 1971 a 21,0 en 2023, indicando un cambio significativo en los patrones reproductivos, influido por la urbanización, la expansión de la educación y la mayor disponibilidad de métodos de planificación familiar. De forma paralela, la tasa de fecundidad total ha descendido de 6,0 hijos por mujer a 2,8, acercándose al umbral de reemplazo generacional. Las mejoras en la atención médica y las condiciones de vida han contribuido fuertemente a la caída de la mortalidad: la tasa bruta de mortalidad pasó de 17,3 a 5,5 por mil, mientras que la mortalidad infantil descendió drásticamente de 147,3 a 16,1 muertes por cada 1.000 nacidos vivos. La tasa de mortalidad de menores de cinco años, tradicionalmente muy elevada, se ha reducido de 243,2 a 17,5 por mil, consolidando así un notable avance en la salud materno-infantil. Estos cambios han contribuido a elevar la esperanza de vida y a modificar la estructura de edades, marcando una transición hacia una sociedad con una población más longeva y con menor proporción de jóvenes dependientes.

En cuanto a la distribución territorial, Egipto mantiene una mayoría de población rural, con una tendencia hacia la urbanización prácticamente inapreciable: en 2023, el 43,1% de la población reside en áreas urbanas frente al 41,8% en 1971, mientras que la población rural ha pasado del 58,2% al 56,9%. Este patrón refleja una urbanización relativamente contenida, condicionada por la concentración demográfica en torno al valle y delta del Nilo. Paralelamente, los indicadores educativos muestran avances sustanciales que acompañan la transición demográfica y social. La matrícula escolar primaria casi se ha universalizado, pasando de un 68,9% neto en 1971 a un 90,3% en 2023. La educación secundaria ha experimentado un progreso aún más notable: la tasa bruta de matrícula se incrementó de 30,8% a 80,0%, mostrando una mayor retención escolar y ampliación de oportunidades para los jóvenes. Por su parte, la matrícula en educación terciaria se ha multiplicado por más de cinco, pasando de un 7,2% a un 39,4%, evidenciándose con ello un acceso creciente a la formación universitaria. Estos avances educativos constituyen un factor de desarrollo del capital humano y la modernización de la economía egipcia.

Egipto, debido a su posición geoestratégica entre África y Asia, ha sido históricamente un territorio de interés para potencias extranjeras. A partir del siglo XIX, el país se convirtió en un protectorado de facto del Imperio Británico, tras la ocupación de 1882, a pesar de que nominalmente seguía formando parte del Imperio Otomano. La construcción y control del Canal de Suez, inaugurado en 1869, fue un factor determinante para la intervención europea, pues esta vía se consolidó como ruta esencial para la conexión entre Europa y Asia, especialmente para la India británica.

El proceso de descolonización se aceleró tras la Segunda Guerra Mundial, en un contexto de auge de los movimientos nacionalistas árabes. En 1952, la Revolución de los Oficiales Libres, encabezada por Gamal Abdel Nasser, derrocó a la monarquía encabezada por el rey Faruq I, poniendo fin formalmente al protectorado británico y proclamando la República en 1953. Bajo el liderazgo de Nasser, Egipto abrazó el nacionalismo panarabista y se alineó con el movimiento de países no alineados durante la Guerra Fría, consolidando su independencia política y económica a través de la nacionalización del Canal de Suez en 1956, un acontecimiento que provocó la conocida Crisis de Suez frente a Reino Unido, Francia e Israel.

En décadas posteriores, Egipto se vio envuelto en varios conflictos regionales, especialmente relacionados con el conflicto árabe-israelí. Participó en las guerras de 1948, 1956, 1967 (Guerra de los Seis Días, en la que perdió la península del Sinaí) y 1973 (Guerra del Yom Kipur). Bajo la presidencia de Anwar el-Sadat, Egipto dio un giro diplomático histórico con la firma de los Acuerdos de Camp David en 1978, que derivaron en el Tratado de Paz con Israel en 1979, siendo el primer país árabe en reconocer oficialmente al Estado israelí, lo que supuso un realineamiento de su política exterior hacia Estados Unidos y Occidente.

Desde entonces, Egipto ha atravesado etapas de autoritarismo político y reformas económicas parciales. Tras el asesinato de Sadat en 1981, Hosni Mubarak asumió la presidencia y se mantuvo en el poder durante casi 30 años, consolidando un régimen presidencialista con limitadas libertades políticas. La Primavera Árabe de 2011 supuso un punto de inflexión: las masivas protestas populares llevaron a la renuncia de Mubarak, pero la transición democrática resultó frágil y conflictiva. El breve gobierno de Mohamed Morsi, vinculado a los Hermanos Musulmanes, fue derrocado en 2013 tras protestas y un golpe militar encabezado por Abdel Fattah el-Sisi, quien ocupa la presidencia desde entonces.

Hoy, Egipto es una república presidencialista, formalmente organizada como un Estado democrático y semipresidencial, aunque en la práctica el poder ejecutivo concentra amplias atribuciones. La Constitución vigente, reformada en varias ocasiones, establece una Asamblea de Representantes unicameral y reconoce formalmente derechos y libertades civiles, si bien la sociedad civil y la oposición política operan bajo fuertes restricciones, en un contexto de estabilidad autoritaria que ha priorizado la seguridad y el control social ante la persistencia de amenazas terroristas, especialmente en la península del Sinaí.

La estructura productiva de Egipto es diversa, con un peso predominante del sector servicios y el sector secundario, una paulatina disminución de la participación del sector agrario en el PIB y un aumento progresivo del peso del sector de servicios.

El sector primario representa aproximadamente el 11% del PIB y emplea alrededor del 27% de la mano de obra, lo que indica la reducida productividad del trabajo del sector. A a pesar de ser un sector que genera una parte significativa de las exportaciones, Egipto es un importador neto de productos agrícolas, especialmente de trigo (siendo el principal importador mundial), azúcar, carne y aceites comestibles. Esta dependencia de las importaciones lo hace vulnerable a las fluctuaciones de precios y la oferta internacional, un aspecto exacerbado por conflictos como la Guerra de Ucrania y la escasez de divisas. La agricultura egipcia se basa casi en su totalidad en el riego con aguas del Nilo y acuíferos. El país es el primer exportador mundial de naranjas por volumen.

El sector secundario contribuye alrededor del 32% al PIB y emplea aproximadamente el 24% del total de trabajadores. Dentro de este sector, la minería y el sector energético son particularmente importantes, representando en conjunto cerca del 13% del PIB egipcio. Egipto cuenta con abundantes reservas de petróleo y gas natural, siendo el sexto país con mayor stock de petróleo y el tercero de gas natural en África. Aunque una gran parte de la producción se consume internamente, las exportaciones energéticas superaron los 18.000 millones de dólares en 2022, constituyendo más del 30% de las exportaciones totales del país. El país ha dejado de ser autosuficiente en petróleo crudo, pero ha invertido fuertemente en refinerías, convirtiéndose en el mayor productor de derivados del petróleo de África. En gas natural, importantes descubrimientos como el yacimiento de Zohr han revertido la situación, haciendo de Egipto un exportador neto y el 12º exportador mundial de gas natural licuado en 2022. La capacidad de refino en el país es la mayor de África. En cuanto a la electricidad, el gobierno busca aumentar la capacidad instalada y la participación de energías renovables hasta el 35% en 2025 y el 42% en 2030, con un notable impulso a las inversiones en energía sostenible, como el hidrógeno verde. La industria manufacturera aporta el 17% del PIB, destacando subsectores como el de la alimentación (25% del empleo industrial, 5% del PIB) y el textil, que representa el 3% del PIB y emplea a 2,5 millones de personas. La industria pesada se concentra en la producción de acero, aluminio y cemento, siendo Egipto el primer productor de acero en África.

El sector terciario es el mayor, representando alrededor del 50% del PIB y absorbiendo el 50% del empleo. Los principales motores de este sector son el comercio, las nuevas tecnologías de la información y comunicación, el turismo y las actividades relacionadas con el Canal de Suez. Los ingresos del Canal de Suez son vitales para la economía egipcia, alcanzando los 9.400 millones de dólares en el año fiscal 2022/2023, lo que supone aproximadamente el 10% de los ingresos corrientes de divisas. Sin embargo, el tráfico marítimo se ha visto afectado por los bombardeos de los hutíes, con una caída del 45% en los últimos meses de 2023. El sector de las telecomunicaciones ha mostrado un gran dinamismo y un fuerte aumento en el número de usuarios de internet. El turismo ha sido tradicionalmente uno de los sectores más importantes, contribuyendo directa e indirectamente más del 13% al PIB en 2022 y empleando a millones de personas. Aunque se ha visto desafiado por eventos políticos y de seguridad, el número de turistas se recuperó notablemente, alcanzando cifras récord de casi 15 millones en 2023, a pesar del impacto de la guerra en Gaza.

El cuadro macroeconómico de Egipto muestra una trayectoria marcada por una relativa resiliencia durante el periodo 2019-2023, aunque con importantes desafíos estructurales y coyunturales. Entre 2019 y 2022, el PIB nominal mantuvo una tendencia creciente, pasando de 318,68 miles de millones de dólares en 2019 a 476,75 en 2022, impulsado en parte por un crecimiento real del PIB que, pese a la desaceleración global, logró registrar un repunte del 6,6% en 2022. Además, debe notarse que Egipto fue uno de los pocos países del mundo que no registró una caída del PIB real durante el año más crítico de la pandemia de COVID-19 (2020), aunque es cierto que experimentó una desaceleración significativa de su crecimiento. No obstante, la tendencia se invierte en 2023, con una caída del PIB nominal hasta los 396,00 miles de millones de dólares y una ralentización del crecimiento real al 3,8%, que continua a la baja en 2024 (2,7%). A pesar de ello, el PIB per cápita (PPA) mantiene una trayectoria ascendente, al pasar de 15.027 dólares en 2019 a 17.300 dólares en 2024.

En relación con el mercado laboral, la tasa de paro se ha mantenido relativamente estable, situándose en torno al 7,8% en 2019 y descendiendo ligeramente hasta el 7,2% en 2024. La inflación, por su parte, ha mostrado una evolución preocupante, afectada por la devaluación de la libra egipcia, el encarecimiento de las importaciones y las tensiones geopolíticas: tras mantenerse en niveles moderados hasta 2021 (en torno al 5%), se disparó hasta un 13,9% en 2022 y alcanzó un máximo del 33,88% en 2023, situándose como uno de los principales retos macroeconómicos.

En el ámbito fiscal, Egipto mantiene un déficit presupuestario persistente. Si bien el saldo presupuestario mejoró levemente de -7,60% del PIB en

2019 a -5,77% en 2023, se observa un deterioro significativo hasta el -10,14% en 2024. La deuda pública ha seguido también una tendencia ascendente, situándose en torno al 95,93% del PIB en 2023, reflejando la dependencia de financiación para cubrir desequilibrios estructurales.

En cuanto al comercio exterior, Egipto mantiene una balanza comercial estructuralmente deficitaria. Las exportaciones, como porcentaje del PIB, muestran fluctuaciones desde el 16,64% en 2019 hasta un pico del 19,10% en 2023, mientras que las importaciones permanecen elevadas, representando alrededor del 21% del PIB en los últimos años. Como resultado, el saldo comercial es negativo, aunque se observa una reducción del déficit, pasando de -37,09 miles de millones de dólares en 2021 a -8,86 en 2023.

Las reservas internacionales de Egipto, que actuaron como amortiguador durante la pandemia, han mostrado cierta volatilidad. Tras descender de 44,57 miles de millones de dólares en 2019 a 32,14 en 2022, se estima una ligera recuperación hasta los 34,28 miles de millones de dólares en 2024. No obstante, este nivel sigue siendo modesto en relación con las necesidades de divisas del país y su vulnerabilidad externa, especialmente ante la exposición a shocks en los precios de alimentos y energía, y la volatilidad de los flujos de capital.

2. EL DISEÑO DE LA POLÍTICA ECONÓMICA

La política económica de Egipto, especialmente bajo la presidencia de Abdel Fattah el-Sisi, se ha caracterizado por una orientación favorable al sector privado y los negocios, con un enfoque constante en las reformas fiscales y estructurales. El principal marco que ha guiado estas políticas ha sido el de los programas acordados con el Fondo Monetario Internacional (FMI). El objetivo fundamental ha sido lograr la sostenibilidad económica y financiera pública, en línea con la "Visión de Egipto 2030", que busca impulsar el crecimiento del PIB y el empleo, y reducir gradualmente el déficit presupuestario. En sus segundos mandatos, el gobierno de Sisi también ha puesto un mayor énfasis en sectores como la sanidad y la educación.

En el ámbito de la política fiscal, el diseño de esta se ha centrado en la reducción del déficit presupuestario y la deuda pública. Esto se ha buscado a través del aumento de los ingresos fiscales, destacando la introducción del impuesto sobre el valor añadido (IVA) en 2016 a una tasa del 13%, que posteriormente se elevó al 14% y se preveía un aumento al 15% para 2024. La digitalización del sistema tributario y otras medidas de incremento de la eficiencia administrativa también ha sido central para aumentar los ingresos. La política económica también ha implicado la reducción del gasto en subvenciones a los combustibles, la electricidad y los alimentos desde 2013, aunque el impacto de la inflación ha llevado a reforzar los subsidios alimentarios en los últimos años. El gobierno ha planificado una reorientación del gasto público desde los subsidios hacia servicios esenciales como la sanidad y la educación, y ha buscado un superávit primario en el presupuesto mediante medidas de austeridad y una mejor recaudación de impuestos. La financiación de los déficits se ha realizado principalmente a través de bonos soberanos internacionales y préstamos multilaterales y bilaterales.

En cuanto a la política monetaria, su diseño ha priorizado la flexibilidad del tipo de cambio y el control de la inflación por parte del Banco Central de Egipto (CBE). El CBE ha realizado subidas de tipos de interés para contener la inflación, y se ha previsto la posibilidad de recortes a medida que la inflación se modere. El nuevo gobernador del CBE, Hassan Abdalla (desde agosto de 2022), ha cambiado la estrategia, favoreciendo el crecimiento económico y la salud fiscal sobre la atracción de flujos de cartera volátiles que apoyaban un tipo de cambio gestionado. El CBE también ha implementado esquemas de estímulo para el sector privado, como préstamos subsidiados para industrias y PYMES, y esquemas de financiación de vivienda.

Las reformas estructurales y la política de inversión se han centrado en la privatización de activos estatales para atraer inversión extranjera directa (IED) y reducir la huella del Estado en la economía, con el objetivo de aumentar la participación del sector privado al 65% para 2025. Esto incluye la emisión de "licencias de oro" para proyectos de energía verde y desalinización. Se han buscado mejoras en el clima de negocios a través de normativas como la Ley de Inversiones de 2017 y sus enmiendas de 2023, destinadas a reducir la burocracia, simplificar los trámites y garantizar una competencia justa. Sin embargo, este proceso ha enfrentado resistencia de intereses creados, especialmente del sector militar, que mantiene una participación considerable en la economía. La inversión en grandes proyectos de infraestructuras de transporte (como la red ferroviaria de alta velocidad, la expansión del metro de El Cairo, y la nueva capital administrativa), logística y desalinización ha sido una prioridad para apoyar la demanda agregada y aumentar la capacidad productiva a largo plazo. Además, el gobierno ha impulsado las energías renovables y el hidrógeno verde con la ambición de convertir a Egipto en un centro energético regional, y ha dirigido su apoyo hacia las PYMES y el desarrollo rural. La estrategia también incluye mejoras en la sanidad y la educación, como la expansión del sistema universal de seguro de salud (UHIS). Adicionalmente, se busca racionalizar el uso del agua y mejorar la eficiencia agrícola ante la creciente escasez hídrica y el impacto de proyectos como la Gran Presa del Renacimiento de Etiopía (GERD).

3. EJECUCIÓN DE LA POLÍTICA ECONÓMICA Y RESULTADOS

La ejecución de la política económica en Egipto ha reflejado una serie de reformas y respuestas a los desafíos macroeconómicos y geopolíticos, con resultados variados a lo largo del tiempo, priorizando el sostenimiento económico y la estabilidad política.

Desde 2016, el gobierno egipcio implementó un ambicioso programa de reformas económicas en el marco de un Servicio Ampliado del Fondo (EFF) de 12.000 millones de dólares aprobado por el FMI en noviembre de 2016. La política fiscal se centró en lograr la sostenibilidad fiscal, lo que implicó una reducción del déficit presupuestario del 12,2% del PIB en el año fiscal 2015/16 al 10,8% estimado en 2016/17. Esto se logró, en parte, mediante la implementación del IVA y recortes en los subsidios al combustible y la electricidad en junio, y una reforma del programa de subsidios al pan en julio de 2017. La liberalización del tipo de cambio en noviembre de 2016 dio como resultado la devaluación del 50% de la libra egipcia, lo que a su vez disparó la inflación. Sin embargo, la inflación comenzó a moderarse a fines de 2017 debido al efecto base de la depreciación de la moneda. La Ley de Inversiones de 2017 se introdujo para agilizar el establecimiento de empresas y la obtención de licencias.

En el periodo 2018-2019, tras la reelección del presidente Abdel Fattah el-Sisi en marzo de 2018 para un segundo mandato, el impulso de la reforma económica se mantuvo. El déficit fiscal continuó su tendencia a la baja, proyectándose que se reduciría del 10,4% del PIB en el año fiscal 2016/17 al 7,1% en 2021/22, y de un 9,5% en 2017/18 a un 6,7% en 2022/23. Los ahorros de los recortes de subsidios se destinaron progresivamente a servicios públicos como la salud y la educación. La disminución de la inflación permitió recortes en las tasas de interés clave, y la libra se apreció desde finales de 2017. En diciembre de 2019, el Banco Central de Egipto (CBE) lanzó un programa de estímulo industrial de 100.000 millones de libras (6.200 millones de dólares) y un esquema de financiación de viviendas de 50.000 millones de libras. Las empresas militares vieron aumentar su participación en la economía, y el presidente el-Sisi propuso su cotización en bolsa de valores. La inversión bruta fija en el país fue del 10,5% en 2018 y del 10,0% en 2019. El PIB real creció un 5,4% en 2018 y un 5,6% en 2019, mientras que la cuenta corriente registró déficits decrecientes.

La pandemia de COVID-19 en 2020-2021 interrumpió la recuperación económica, aunque el impacto en Egipto fue menos severo que en otros países. El gobierno egipcio solicitó un Instrumento de Financiación Rápida (RFI) y un Acuerdo Stand-By (SBA) del FMI, que fueron desembolsados en su totalidad. El déficit fiscal se amplió al 7,5% del PIB en el año fiscal 2019/20 y al 7,2% en 2020/21 debido al gasto relacionado con la pandemia y la disminución de los ingresos. Sin embargo, se esperaba que el déficit se redujera constantemente a medida que aumentaran los ingresos fiscales. El CBE redujo su tasa principal en 300 puntos básicos en marzo de 2020 al 9,25%, y dos recortes adicionales de 50 puntos básicos la llevaron al 8,25% a finales de 2020. A pesar de los planes de privatización de empresas propiedad del ejército, como Safi y Wataniyya en diciembre de 2020, se esperaba que el ejército mantuviera un papel fundamental en varios sectores estratégicos y grandes proyectos de infraestructura y construcción. El PIB real creció un 3,6% en 2020 y un 3,3% en 2021. El gobierno también se centró en el desarrollo rural a través del programa Haya Karima, con una inversión prevista de 50.000 millones de dólares en tres o cuatro años. El salario mínimo se incrementó a partir de 2022, aplicable a todo el sector privado.

En 2022-2023, la economía egipcia se enfrentó a nuevos desafíos debido al conflicto entre Rusia y Ucrania, lo que llevó a un aumento de los precios mundiales de los alimentos y el combustible. En octubre de 2022, el gobierno alcanzó un acuerdo a nivel de personal para un nuevo Extended Fund Facility[1] (EFF) de 3.000 millones de dólares con el FMI, que comenzó en diciembre de 2022. La libra egipcia entró en el sistema de flotación en octubre de 2022 y nuevamente en enero de 2023, lo que derivó en una devaluación de más del 50% desde marzo de 2022. Sin embargo, en junio de 2023, el presidente el-Sisi descartó nuevas devaluaciones. Para contener la alta inflación, que alcanzó un promedio del 33,9% en 2023 y un 35,2% en diciembre de 2023, el CBE aumentó los tipos de interés desde marzo de 2022. Se anunció un plan de privatización integral con el objetivo de aumentar la participación del sector privado en la economía al 65% para 2025 y atraer 40.000 millones de dólares en IED. Aunque se aprobó una ley para nivelar el campo de juego entre el sector público y el privado en junio de 2023, se mantuvo una exención para las "empresas de defensa nacional". El PIB real creció un 6,6% en 2022 y un 3,8% en 2023. La cuenta corriente registró su déficit más amplio en seis años en 2022 antes de reducirse a niveles más manejables en 2023. Los ingresos del Canal de Suez alcanzaron un récord de 9.400 millones de dólares en el año fiscal 2022/23, pero sufrieron una drástica caída debido a los ataques de los hutíes y la guerra en Gaza.

---

1 Programa de ayuda financiera otorgado por el Fondo Monetario Internacional (FMI) diseñado para apoyar a países que tienen desequilibrios de balanza de pagos a medio plazo. Requiere que el país implemente un conjunto de reformas económicas estructurales a cambio del desembolso de fondos.

En 2024, el EFF del FMI se aumentó en 5.000 millones de dólares (a un total de 8.000 millones de dólares) tras la flotación de la libra egipcia en marzo, en un intento por hacer el cambio de política creíble dadas las mejores condiciones de liquidez externa. Se esperaba que el déficit presupuestario se redujera al 5% del PIB en el año fiscal 2023/24 debido a las entradas de ADQ[2] relacionadas con el proyecto Ras el-Hekma. Sin embargo, en 2024/25 se preveía que aumentaría al 8%, impulsado por altos tipos de interés y subsidios al combustible. El gobierno implementó nuevas reducciones de subsidios (pan, combustible) y anunció la reanudación de los cortes de energía. A pesar de los esfuerzos por mejorar el entorno empresarial, se esperaba que la privatización avanzara lentamente, en parte debido a la persistencia de los intereses militares y al alivio de la presión financiera gracias al acuerdo de Ras el-Hekma. La inflación se mantuvo alta, en una media de un 33% en 2024, y se espera que se reduzca por debajo del objetivo del 9% en 2026.

Cuadro Macroeconómico de Egipto. 2019-2024

Indicadores	2019	2020	2021	2022	2023	2024
PIB nominal (miles de millones de dólares)	318,68	383,82	424,67	476,75	396,00	380,04
Crecimiento del PIB real (porcentaje)	5,6	3,6	3,3	6,6	3,8	2,7
PIB per cápita (PPA en dólares de 2021)	15.027	15.309	15.579	16.360	16.691	17,300
Tasa de paro (porcentaje de la población activa)	7,85	7,97	7,44	7,34	7,33	7,20
Inflación (porcentaje)	9,15	5,04	5,21	13,90	33,88	33,30
Saldo presupuestario público (porcentaje del PIB)	-7,60	-7,47	-6,96	-5,78	-5,77	-10,14
Deuda pública (porcentaje del PIB)	80,09	86,22	89,90	88,53	95,93	90,86
Exportaciones (porcentaje del PIB)	16,64	12,47	10,56	15,09	19,10	-
Importaciones (porcentaje del PIB)	24,48	19,65	19,30	21,90	21,34	-
Saldo comercial (miles de millones de dólares)	-24,97	-27,56	-37,09	-32,46	-8,86	-
Reservas internacionales (miles de millones de dólares)	44,57	38,97	39,82	32,14	33,07	34,28

Fuente: *Elaboración propia a partir de los datos del Fondo Monetario Internacional y Banco Mundial*

2 Sociedad de cartera de inversiones propiedad del gobierno de Abu Dabi, en los Emiratos Árabes Unidos (EAU).

Política Económica en la India

MAJA BARAC
Departamento de Economía Aplicada-Política Económica
Universidad de Valencia

1. PROBLEMAS EN LA ECONOMÍA INDIA

Aunque muchos de los problemas de la India se pueden identificar en otros países en vías de desarrollo, uno de los principales retos del país reside en su gran tamaño. Por un lado, la India es el séptimo país más extenso del mundo[1], abarca una superficie de 3,28 millones de kilómetros cuadrados (6 veces la de España). Por otro lado, es incluso más relevante el tamaño de la población, ya que en 2023 India pasó a ser el país más poblado del mundo desbancando a China. Con una población de más de 1.450 millones en 2024 es más de tres veces la población de la UE y casi 30 veces la española. La densidad de población de 483 habitantes por kilómetro cuadrado de superficie terrestre y estas cifras se disparan cuando hablamos de las principales ciudades que están superpobladas, con más del 16 por ciento de la población residiendo en cuidades con más de un millón de habitantes. La ciudad más poblada es la capital, Nueva Delhi, donde la población supera los 33 millones de habitantes. Aún con todo, la población urbana es menor representando el 36,87 por ciento del total frente a la rural. Asimismo, la India representa la democracia más grande del mundo en términos de población con todos los retos que ello supone.

La estructura socioeconómica de la India presenta una marcada dualidad entre las zonas rurales y las urbanas, que refleja tanto las asimetrías históricas del desarrollo como los desequilibrios territoriales contemporáneos y refleja los problemas estructurales de la economía. En el ámbito rural, predomina una economía agrícola caracterizada por baja productividad y una fuerte dependencia climática. A pesar de los avances tecnológicos en algunos estados, gran parte de la agricultura sigue siendo de subsistencia, con escasa mecanización y limitado acceso a infraestructuras de almacena-

---

1 Los datos estadísticos presentados en este capítulo provienen de fuentes oficiales, especialmente del Banco Mundial (BM) y del Fondo Monetario Internacional (FMI). En el texto, salvo indicación expresa distinta, los datos que se indican hacen referencia al año 2023.

miento y transporte. Estas carencias se traducen en pérdidas significativas de la producción, agravando los problemas de renta y seguridad alimentaria.

Por contraste, la India urbana concentra la mayor parte del crecimiento económico y del empleo en sectores industriales y de servicios. Sin embargo, esta expansión se ha acompañado de profundas desigualdades. La población urbana, crece rápidamente por la migración interna, vive en gran medida en condiciones de alta densidad y escasa planificación urbana. Un 5,4 por ciento de la población urbana reside en barrios de tugurios, donde los servicios básicos son insuficientes o inexistentes. La presión sobre el transporte, la vivienda y el suministro de agua genera ineficiencias que afectan la calidad de vida y la productividad.

Esta dualidad rural-urbana condiciona la cohesión territorial de la India y sostiene la fragmentación del mercado, reduciendo el potencial de crecimiento. La solución no pasa únicamente por mejorar la inversión en infraestructura y en redes de transporte, sino que plantea la necesidad de estrategias integradas de desarrollo, capaces de equilibrar la modernización agrícola con una urbanización más sostenible e inclusiva.

Aunque gran parte de la población india es joven y la población en edad de trabajar (entre 15 y 64 años) ha ido en aumento alcanzando el 68,23 por ciento en 2024, este potencial no se aprovecha en su totalidad. Por ello, una gran cantidad de problemas y retos económicos se concentran y manifiestan en el mercado laboral. Así, la tasa de empleo sobre población de más de 15 años se sitúa en el 53,23 por ciento en 2024, siendo menos de la mitad (25,83 por ciento) entre los jóvenes con edades entre los 15 y los 24 años. Esto refleja el primer problema, que es la baja participación laboral.

Casi tres cuartas partes del empleo se considera vulnerable y el 80 por ciento de los ocupados lo hacen en la economía informal. Las consecuencias para los trabajadores no sólo son que no dispongan de contratos, sino que enfrentan condiciones laborales abusivas en cuanto a salarios y horarios o la vulneración de derechos como descansos, beneficios de la seguridad social o vacaciones remuneradas. Otra de las características es que el sector agrícola sigue siendo el principal motor del empleo (43,51 por ciento sobre el total), pero dadas sus características el empleo del sector es mucho menos productivo y más dependiente y vulnerable que el del resto de los sectores.

Podemos señalar también que hay escasez de mano de obra cualificada lo que ha frenado el avance de industrias más punteras, como la de la automoción, o de sectores con alto potencial de crecimiento, como el da la energía verde. Al mismo tiempo se observa que esta situación coexiste con dificultades para aprovechar los recursos humanos y su formación, ya que las personas desempleadas con educación básica son sólo un 2,28 por ciento frente a casi un 6 por ciento de educación intermedia o un 13,47 por ciento con educación avanzada, por lo que la tasa aumenta a mayor formación y es más elevada entre las mujeres.

Desde la perspectiva de género hay tanto una infrautilización de recursos como una elevada desigualdad y precarización de las mujeres. En 2024 un 39,04 por ciento de las jóvenes no disponen de educación, ni empleo, ni capacitación, cifra que cuadruplica la tasa en varones. La tasa de actividad es muy baja, sólo el 31,36 por ciento de las mujeres mayores de 15 años (73,9 por ciento de los hombres) o un 28,69 por ciento de la población activa total. De las que sí trabajan, el 61,49 por ciento se ocupan en la agricultura, sector altamente feminizado (36,58 por ciento de hombres) en la India, frente al 16,01 por ciento de mujeres empleadas en la industria y el 22,50 por ciento en servicios. El 79,56 por ciento de las mujeres sufren de empleo vulnerable y aunque la cifra global también es preocupante y similar, también hay brecha de género. Asimismo, en 2024 el empleo a tiempo parcial nuevamente tiene rostro de mujer con una tasa del 46,73 por ciento sobre el total del empleo femenino y triplicando nuevamente las tasas que encontramos entre los hombres.

En 2025 India se posiciona como la quinta economía del mundo atendiendo al PIB nominal, pero es la tercera según el PIB en paridad de poder adquisitivo (PPA, 2024). Con tasas del 9.1 por ciento en 2023 y 6,4 por ciento en 2024 es la economía que más crece entre las economías de mercados emergentes y en desarrollo de Asia. Aunque experimenta cierta estabilidad macroeconómica, el reto que enfrenta en este escenario es consolidar su clase media y conseguir que el desarrollo se expanda de forma universal y no acrecente las brechas. Es decir, el desafío radica en reducir o eliminar las desigualdades persistentes y multidimensionales del país, que se manifiestan en el ámbito geográfico, sectorial y personal (casta, género, ingresos, nivel educativo, etc.).

2. DISEÑO DE LA POLÍTICA ECONÓMICA

Las últimas elecciones generales de la India se celebraron entre el 19 de abril y el 1 de junio de 2024 y, por tercera vez consecutiva, ganó la coalición de partidos Alianza Democrática Nacional (NDA, por sus siglas en inglés). Concretamente, la NDA obtuvo 293 escaños de los 545 (543 electos) de la cámara baja del Parlamento, esto es, 60 menos de los obtenidos en las elecciones de 2019. El Bharatiya Janata Party (BJP, Partido Popular Indio) de Narendra Modi es el principal partido de la alianza y tiene un carácter nacionalista hindú. Narendra Modi es el ministro de recursos humanos, quejas públicas y pensiones, energía atómica y exploración del espacio y como primer ministro aborda por tercera vez su cargo de jefe del Gobierno. El lema de Modi "Una nación, una lengua, una religión" deja claro la relevancia de la religión en su mandato y, por extensión, en algunas de las políticas implementadas en el país, incluyendo partidas millonarias para la protección de las vacas y la construcción de refugios para este animal sagrado.

El ministro de Hacienda Nirmala Sitharaman ha presentado el 1 de febrero de 2025 los presupuestos para 2025-26. La medidas y reformas propuestas resumidas a continuación se enmarcan en un plan de largo plazo, fijado para 2047. La estrategia conocida como *Viksit Bharat* (India desarrollada) se centra en estrategias para potenciar el crecimiento del país, asegurar el desarrollo inclusivo y transformar India en una economía de altos ingresos, para mejorar el poder adquisitivo de la creciente clase media del país. Los objetivos generales fijados son 6: cero pobreza, educación escolar de buena calidad al cien por cien, acceso a atención médica de alta calidad, asequible y completa, cien por cien de mano de obra calificada con empleo significativo, setenta por ciento de participación femenina en actividades económicas y agricultores que convierten al país en la "cesta de alimentos del mundo". Se definen sendas reformas estructurales a cinco años vista enfocadas a la agricultura, las mipymes, la inversión y las exportaciones, para aumentar el potencial de crecimiento y la competitividad global del país. Concretamente se enfocan en seis ámbitos: fiscalidad, sector eléctrico, desarrollo urbano, minería, sector financiero y reformas regulatorias.

El primer motor, la agricultura, se centra en reforzar la productividad y la resiliencia del sector rural. Programas como el *Prime Minister Dhan-Dhaanya Krishi Yojana* y el *Rural Prosperity and Resilience Programme* buscan mejorar la productividad y el empleo agrícola, fomentar la diversificación de cultivos y aumentar la capacidad de almacenamiento y riego en distritos de baja productividad. Se proponen estrategias concretas para las legumbres (Tur, Urad y Masoor), se impulsa el desarrollo de más de cien variedades de semillas resistentes al clima, además de medidas para la pesca, la producción de algodón y de hortalizas y frutas o para el estado de Bihar (semillas de loto infladas) y Asam (planta de urea para uso como fertilizante). Se amplía también el límite de crédito agrícola mediante la Kisan Credit Card de ₹3 lakh[2] a ₹5 lakh, y se reposiciona India Post como actor logístico clave en la economía rural.

El segundo motor, mipymes y manufactura, se ha orientado a la competitividad industrial. Se cambia la clasificación incrementando los límites de

[2] Un lakh es una unidad de medida que equivale a cien mil, concretamente en el texto hace referencia a la moneda, esto es, cien mil rupias (100,000 INR o ₹ 1,00,000).

inversión y facturación de las mipymes (2,5 y 2 veces, respectivamente). Se mejora el acceso al crédito para las mipymes, startups y pymes exportadoras ampliando las coberturas de garantía crediticia, se crean tarjetas de crédito para microempresas (hasta ₹5 lakh) y un Fondo de Fondos para Startups. También se ponen en marcha diversas ayudas a sectores específicos: los intensivos en mano de obra, el del calzado y el cuero, el del juguete, el alimentario y el de la fabricación de tecnologías limpias (placas solares, baterías para vehículos eléctricos, turbinas eólicas, etc.). Finalmente, todas las iniciativas del segundo motor se enmarcan en la estrategia de sustitución de importaciones del gobierno y el fomento de la producción nacional a través del "Make in India", con el objetivo de generar nuevos empleos e introducir mejoras de productividad y calidad.

El tercer motor, inversión e infraestructura, contempla la inversión en 3 pilares: personas, economía e innovación. El primer pilar, inversión en personas, se liga a proyectos de mejora de la educación y formación y salud u otros aspectos del Estado de bienestar. Integra iniciativas como los programas de apoyo nutricional (*Saksham Anganwadi* y *Poshan 2.0*), proporcionar manuales de estudio en hindú, la creación de laboratorios en escuelas públicas *(Atal Tinkering Labs)*, el aumento de la formación médica con 75.000 plazas adicionales a cinco años vista, la instalación de banda ancha en escuelas públicas y centros de salud primaria rurales, la creación de un Centro de Excelencia en Inteligencia Artificial para la Educación, las ayudas a trabajadores vulnerables urbanos y vendedores ambulantes, la inclusión en el régimen de Seguridad Social de trabajadores de plataformas en línea, entre otras. El segundo pilar, inversión en economía, refuerza la inversión en infraestructuras público-privada a través de la accesibilidad a datos y la promoción de proyectos y proporciona préstamos a los Estados a 50 años y sin intereses para gastos de capital y reformas. Asimismo, incluye ayudas para el suministro de agua potable en zonas rurales y de reurbanización para las zonas urbanas. En el ámbito energético, se producen reformas en el sector eléctrico y se lanza una Misión Nuclear para alcanzar 100 GW de capacidad nuclear en 2047, con ₹2.000 crore[3] destinados a investigación en reactores modulares. Las medidas ligadas a las conexiones y el transporte proponen reformas en la construcción naval e industria marítima, aeropuertos, rutas y el Canal de Koshi Occidental. También hay reformas en el sector minero, impulso del turismo o el proyecto Ventana Especial para la Vivienda Asequible y de Renta Media (SWAMIH 2, por sus siglas en inglés) para

---

[3] Un crore es una unidad de medida que equivale a diez millones, concretamente en el texto hace referencia a la moneda, esto es, diez millones de rupias (10,000,000 INR o ₹ 1,00,00,000).

completar cien mil viviendas en proyectos inmobiliarios paralizados, además de un fondo público-privado para otros cien mil domicilios. Finalmente, el tercer pilar, inversión en innovación, contempla la creación de un Fondo de Fondos de *Deep Tech.* Se ofrecen diversas ayudas y becas para la investigación en genética (seguridad alimentaria), la misión geoespacial e I+D+i en general.

El cuarto motor, las exportaciones, se orienta a la facilitación del comercio y la integración en las cadenas globales de valor. Destacan la *Export Promotion Mission*, la infraestructura digital *BharatTradeNet* para documentación y financiación comercial, y la modernización de las instalaciones de carga aérea. Estas medidas buscan posicionar a la India como nodo logístico y manufacturero global.

Por último, la propuesta presenta también reformas financieras y fiscales que constituyen, en palabras del gobierno, el "combustible" para fortalecer la estabilidad macroeconómica, mejorar la equidad tributaria y ampliar la capacidad del sistema financiero para movilizar la inversión tanto doméstica como extranjera. Por el lado de las medidas financieras, se aprueba el aumento del límite de Inversión Extranjera Directa (IED) en el sector de seguros, que pasa del 74 por ciento al 100 por ciento, siempre que las primas se reinviertan en el país, se amplía el acceso al crédito rural mediante la creación del *Grameen Credit Score* (sistema de calificación crediticia específico para zonas rurales) y se fortalece la infraestructura de garantía y refinanciación de préstamos rurales y de microempresas. La agenda de inclusión se apoya además en la simplificación de los procesos de identificación financiera (KYC "Conozca a su Cliente"), que se unifican bajo la plataforma nacional de identidad digital Aadhaar (impulsada por Modi en 2009). Con ello se pretende reducir la duplicación de registros y acelerar los trámites de apertura de cuentas o verificación de clientes, tanto en bancos como en instituciones de inversión o aseguradoras.

En materia institucional, se especifican las reformas normativas encaminada a simplificar y facilitar la creación de negocios en el país. El presupuesto contempla la creación de un Comité de Alto Nivel para las Reformas Regulatorias para el sector no financiero, encargado de revisar los marcos normativos obsoletos y proponer la despenalización de infracciones menores. Asimismo, se planea el lanzamiento del Índice de Amigabilidad de Inversión Estatal (*Investment Friendliness Index of States*), con el objetivo de mejorar el atractivo de los Estados para los negocios. Se espera así que la India se consolide como un entorno financiero previsible, transparente y orientado a la inversión productiva.

La esfera de reformas fiscales que se plasman en el plan afecta tanto a la imposición directa como la indirecta, con una triple meta: fomentar el cumplimiento voluntario, simplificar la estructura impositiva y fortalecer la capacidad recaudatoria sin afectar al consumo ni a la inversión privada.

En la imposición directa, el cambio más significativo se refiere al Impuesto sobre la Renta de las Personas Físicas (IRPF). El nuevo régimen introduce una estructura de siete tramos progresivos, con tipos impositivo desde el 0 por ciento al 30 por ciento con incrementos de 5 en 5 puntos porcentuales. Asimismo, se eleva el umbral exento hasta ₹ 12 lakh (₹ 12,75 lakh para asalariados con deducción estándar). Esta modificación de tramos se acompaña de una revisión de deducciones y retenciones en origen, que eleva los umbrales para intereses, rentas y remesas, y extiende el plazo para la presentación de declaraciones actualizadas de dos a cuatro años. En conjunto, las modificaciones buscan reducir litigios, digitalizar procesos y aumentar la transparencia del sistema.

Por su parte, la imposición indirecta se centra en la racionalización aduanera y arancelaria. Se reducen los tipos efectivos y se eliminan cargas superpuestas, especialmente en sectores industriales estratégicos como el textil, el cuero, la construcción naval, las telecomunicaciones o los productos marinos. Se eximen completamente 36 medicamentos esenciales y 12 minerales críticos (entre ellos, cobalto y chatarra de baterías de ion-litio), a la vez que se incrementan aranceles en algunos bienes finales para proteger la producción local. Estas medidas se inscriben en la estrategia de "Make in India" de sustitución de importaciones del gobierno. Aunque las nuevas exenciones en el IRPF y los incentivos al consumo suponen una pérdida estimada de ingresos fiscales de 2.600 millones de rupias en impuestos indirectos y alrededor de 1.000 millones en directos, se espera que el impacto neto sobre el déficit sea compensado por el dinamismo de la demanda interna y la reducción de la economía informal y de trabas burocráticas.

En materia de política fiscal, el gobierno manifiesta mantener el compromiso con la consolidación fiscal, reduciendo el déficit del 5,6 por ciento en 2023-24 al 4,8 por ciento del PIB en 2024-25 y previendo continuar con la senda de ajuste estimando que se situará en el 4,4 por ciento en 2025-26[4]. El ajuste se apoya en una mejor recaudación derivada del crecimiento, en la monetización de activos públicos y en la disciplina del gasto corriente.

La política monetaria del Banco de la Reserva de India (RBI, por sus siglas en inglés) ha experimentado un proceso progresivo de institucionalización y fortalecimiento en términos de independencia y transparencia durante la última década. Especialmente relevante fue la adopción formal de un objetivo de inflación que en 2016 se fijó en una tasa del 4 por ciento con un margen de tolerancia de ±2 puntos porcentuales y que se mantendrá hasta marzo de

---

[4] Año fiscal del 1 de abril al 31 de marzo.

2026, año en el que se volverá a decidir al respecto. Por ello, actualmente se ha estado debatiendo y analizando la conveniencia de modificar (incrementar) el objetivo de inflación, cambiarlo de objetivo fijo a un rango (4-6 por ciento) o la modificación de la banda de tolerancia (más estrecha o amplia). Las alternativas más laxas pueden proporcionar más flexibilidad al RBI para hacer frente a la creciente incertidumbre del contexto económico y permitir mayor holgura para afrontar los choques económicos adversos. Sin embargo, cualquier cambio que relaje la disciplina irá en detrimento de la credibilidad de la política monetaria y, por lo tanto, afectará su efectividad, si bien, dependiendo de la medida concreta es probable que estos efectos fueran más o menos transitorios.

En los últimos años, la orientación de la política monetaria se había mantenido en una postura generalmente acomodaticia o, en algunos momentos, neutral, lo que refleja la persistencia de una función objetivo dual. Esto se debe tanto a las necesidades estructurales de una economía en desarrollo como a la adopción de medidas más populistas con fines electorales. Desde diciembre de 2018, el Governador del RBI es Shaktikanta Das ex secretario de Asuntos Económicos (jubilado) que tuvo una participación relevante en algunas de las reformas acometidas durante los anteriores mandatos del gobierno de Modi, como la desmonetización de 2016 o la implantación del impuesto sobre bienes y servicios aplicado desde 2017.

El sistema bancario de la India sigue enfrentando riesgos, aunque se han moderado. La ratio de activos improductivos brutos se ha reducido considerablemente del 9,11 por ciento al 2,58 por ciento entre marzo de 2021 a marzo de 2025. Sin embargo, sigue siendo elevado en el sector agrícola (superior al 6 por ciento). También es elevada la ratio de crédito frente a los depósitos, contribuyendo a mantener los riesgos por impago.

En cuanto a la estrategia de la política exterior india la tendencia actual apunta hacia el multilateralismo y evita los acuerdos que puedan comprometer su independencia o perjudicar la estrategia de sustitución de importaciones del Gobierno. El Acuerdo de Libre Comercio de la India (TLC) firmado en marzo de 2024 con la European Free Trade Association (EFTA) pretende impulsar el comercio bilateral y las inversiones en la India negociadas a 15 años. Con España se han intensificado las visitas de altos cargos y en 2024 ambos países acordaron designar 2026 como el Año España-India de la cultura, el turismo y la inteligencia artificial. Sin embargo, mientras la India estrecha lazos con unos países, continúan las tensiones con otros, este es el caso de China, Pakistán o Canadá.

En los conflictos internacionales actuales su posición también responde a los intereses del país. Manifiesta su neutralidad hacia Rusia en el conflicto con Ucrania, que le permite seguir disponiendo de los recursos rusos, especialmente energía y material militar y de defensa. En el conflicto de oriente medio ha expresado su apoyo a Israel, debido también a sus lazos con EE. UU., aunque al mismo tiempo ha proporcionado ayuda humanitaria a Palestina.

3. EJECUCIÓN DE LA POLÍTICA ECONÓMICA Y RESULTADO

En septiembre de 2023 la India presidió la Cumbre del G-20, foro que aprovechó para reclamar el papel del sur global en la economía mundial que se materializó en la inclusión de la Unión Africana (UA, que representa 55 países del continente) como miembro del G-20. Asimismo, fue un auténtico logro que se consiguiera el consenso de todos los países en los puntos recogidos en la Declaración del G-20. Entre los principales temas tratados y acuerdos destaca la creación de un corredor Económico India-Oriente Medio-Europa (IMEC) de vías ferroviarias y marítimas entre los gobiernos de India, Estados Unidos, Arabia Saudí, la Unión Europea, Emiratos Árabes Unidos, Francia, Alemania e Italia. Entre las medidas financieras se abordó la regulación de las criptomonedas, la reducción de deuda para economías de renta media y baja o la creación de infraestructura pública digital. Finalmente, los acuerdos en materias de energía trataron los temas clásicos como los fondos para el clima, el aumento de la capacidad de las energías renovables o la reducción de las emisiones de CO2, que se concretaron en un 43 por ciento para 2030 (respecto a niveles de 2019).

En la esfera internacional, la visita a Nueva Delhi de Ursula von der Leyen (presidenta de la Comisión Europea de la UE) en febrero de 2025 ha dado un impulso a las negociaciones bilaterales para el establecimiento de un acuerdo de libre comercio entre las dos potencias que se espera que se materialice durante 2025. El acuerdo abarcará áreas como el comercio, la inversión, la tecnología, la innovación y la defensa y algunos puntos conflictivos del acuerdo residen en la industria automovilística y las bebidas alcohólicas por parte de la India y en las regulaciones ambientales, la seguridad de los datos y en los productos farmacéuticos por parte de la UE.

Aunque EE. UU. y la India son aliados, la vuelta de Donald Trump ha tensionado también los lazos con la India, tanto por los efectos de su política migratoria como por las subidas arancelarias en agosto de 2025. Se establecieron incrementos de tasas arancelarias hasta un 25 por ciento adicional, lo que eleva ciertas tasas hasta el 50 por ciento para muchos productos indios, afectando especialmente a la industria textil, calzado y joyería. Los argumentos esgrimidos para justificar la política residen en que la India continúa comprando petróleo a Rusia, sin embargo, India no ha cedido a las presiones y ha manifestado que no va a dejar de consumir petróleo ruso y que el bienestar de los agricultores está por encima de las relaciones con EE. UU.

En conjunto, las reformas financieras y fiscales del Presupuesto 2025-26 refuerzan la coherencia del proyecto Viksit Bharat 2047, al integrar estabilidad macroeconómica con crecimiento inclusivo. No sólo los objetivos esgrimidos, sino también la variedad de medidas como ampliación del crédito rural, la simplificación tributaria y la progresividad impositiva apuntan a un modelo más eficiente y equitativo. Así, el aumento de tramos de IRPF, a priori puede contribuir a mejorar la progresividad, ya que sustituye al antiguo sistema de cuatro escalones sin modificar los tipos mínimo y máximo. Sin embargo, dado que también se modifican los tramos de renta en los tipos que se mantienen (aumentando los máximos del rango) el efecto no está tan claro. Aún con todo, esta medida responde adecuadamente a las pretensiones del gobierno de aliviar la carga fiscal de la clase media y aumentar su poder adquisitivo, es más, esta medida puede tener una justificación económica ante un contexto inflacionario como el de la India.

No obstante, la sostenibilidad de este enfoque dependerá de la capacidad institucional para implementar las reformas regulatorias y mantener la disciplina fiscal en un contexto de creciente demanda social y transformación tecnológica. Un informe del BM[5] analiza la viabilidad del Viksit Bharat 2047 y señala que el Producto Nacional Bruto (PNB) per cápita de la India que fue de 2.540 dólares en 2023 tendría que multiplicarse casi por 8 para lograr el estatus de 20.000 dólares de renta per cápita. Señala como reformas la mayoría de las áreas que se abordan o proponen por parte del Gobierno, especialmente la inversión, la productividad y la participación laboral. Como debilidades, por un lado, señala que si no se acometen dichas reformas relevantes y se continua como hasta ahora el objetivo no se alcanzará. Por otro lado, advierte que se puede correr el riesgo de caer en la “trampa de ingresos medios” por culpa de instituciones débiles, desigualdades persistentes o de la baja calidad de la productividad y el capital humano, y que no se logre dar el salto hacia una economía desarrollada como ha pasado con otros países como Brasil, Turquía o Sudáfrica, entre otros.

Tal y como se puede apreciar en el cuadro macroeconómico, la inflación hasta el año 2021 recurrentemente superaba el objetivo del RBI. En los últimos años los riesgos inflacionarios no han desaparecido, ya que los

---

5 Banco Mundial. 2025. India Country Economic Memorandum: Becoming a High-income Economy in a Generation.

cambios en los precios siguen a merced de componentes más volátiles como los alimentos o de factores climatológicos externos, que son complejos de minimizar mientras se mantenga el elevado peso de la agricultura en la economía. Además, esto se ha visto agravado por las restricciones de oferta introducidas por las medidas adoptadas a raíz de la pandemia de la COVID-19.

En pandemia el RBI había bajado los tipos de interés situándolos en el 4 por ciento, mínimo histórico de los últimos 20 años. Sin embargo, en 2022 tras el repunte inflacionario y la recuperación económica la política monetaria del RBI ha sido contractiva, encaminada a frenar la inflación. Tras 5 subidas en 2022 y una sexta en febrero de 2023 el tipo de interés se sitúa en niveles de 2018 con una tasa del 6,5 por ciento. Además de las medidas monetarias, se han implantado medidas proteccionistas encaminadas a garantizar la seguridad alimentaria interna, pero también a controlar la inflación. En julio de 2023 se prohíbe la exportación de arroz blanco no basmati que perdurará hasta septiembre de 2024, en octubre de 2023 se fijó un precio mínimo para el arroz basmati o aranceles hasta del 20 por ciento al arroz precocido y al arroz molido (retirados en 2024 y recuperados en 2025). Teniendo en cuenta que la India es el mayor exportador global de arroz (40 por ciento de las exportaciones de arroz a nivel mundial), esta medida ha tenido repercusiones globales elevando precios y generado tensiones con otros países asiáticos o africanos que vieron comprometida su seguridad alimentaria a raíz de la medida. Esto llevó a la India a tener que dar explicaciones ante la Organización Mundial del Comercio (OMC), aunque no sirvió para suprimir las restricciones tanto por las elecciones de 2024 como por los riesgos generados por El Niño.

En diciembre de 2024, Sanjay Malhotra es nombrado nuevo gobernador del RBI, el vigésimo sexto en el cargo. A pesar del relevo, la política monetaria ha continuado con un enfoque neutral que ha mantenido el tipo invariable por un periodo de 2 años hasta febrero de 2025 que se redujo en 25 puntos básicos, seguido de dos bajadas más en abril y junio de 2025 que sitúan el tipo de interés actual en el 5,5 por ciento, con la facilidad de depósito 25 puntos básicos por debajo, en el 5,25 por ciento, y la facilidad de crédito simétrica, en el 5,75 por ciento. Esto se debe a que se han moderado los precios de los alimentos debido a una situación climatológica favorable, que ha dado lugar a una producción récord de trigo y mayores cosechas de legumbres.

La India es la economía emergente que más está creciendo en 2025 según el FMI y se espera que esto se mantenga en 2026. Esto la sitúa en 2024 como la quinta potencia mundial en términos de PIB y además se espera que en los próximos años escale posiciones al tercer puesto. Entre 1992 y 2021 el 1 por ciento más rico ha duplicado su renta nacional, que por el contrario ha caído en el 90 por ciento de renta inferior de la población, de forma que hacer extensible el progreso a toda la población continúa siendo un reto para el país.

La puntuación de la India en el Democracy Index presentado por la Economist Intelligence Unit cayó por debajo del 7 entre 2019 y 2021. En 2024 ha mejorado ligeramente su puntuación a pesar de continuar considerándose como una democracia "viciada" o "incompleta" situándose en el valor 7,29 y subiendo al puesto 41.

Cuadro Macroeconómico de la India. 2019-2024

INDICADORES	2019	2020	2021	2022	2023	2024
PIB (miles de millones dólares)	2.831	2.675	3.167	3.346	3.638	3.912
Crecimiento PIB real (porcentaje)	3,74	-5,7	9,7	7,6	9,1	6,4
PIB per cápita (PPA en dólares)	7.150	6.966	8.050	9.207	10.303	11.176
Tasa de inflación	4,8	6,2	5,5	6,7	5,4	4,6
Tasa de desempleo	7,5	8,7	7,4	5,3	4,9	4,9
Saldo presupuesto público (porcentaje PIB)	-7,7	-12,9	-9,4	-9	-7,4	-7,9
Deuda pública (porcentaje PIB)	75,1	88,4	83,5	82,2	80,7	81,6
Exportaciones (miles de mil. dólares)	324,3	276,4	395,4	453,4	431,5	442,6
Importaciones (miles de mil. dólares)	486,0	373,2	573	720,4	673,9	701,5
Reservas internacionales (miles mil. dólares)	463,5	590,2	638,4	567,2	627,8	643
Deuda externa total (miles mil. dólares)	560,9	564,9	611,9	615,5	646,7	658,1

Fuente: Banco Mundial y FMI.

Política económica en Japón

MARGARITA ROHR
Departamento de Economía Aplicada-Política Económica
Universidad de Valencia

1. PROBLEMAS EN LA ECONOMÍA JAPONESA

Tras la pandemia, la economía japonesa continúa expandiéndose de forma moderada, con incrementos generalizados de precios en torno al 2 por ciento tras casi tres décadas de inflación nula. Tras el retroceso registrado en 2022 como consecuencia de una reapertura interna relativamente lenta y de las disrupciones en las cadenas de suministro, el crecimiento se recuperó en 2023 alcanzando una tasa del 1,5 por ciento. Sin embargo, en 2024 la actividad económica se desaceleró hasta el 0,1 por ciento, debido a la suspensión de la producción de un importante fabricante de automóviles por problemas de suministro en el primer trimestre. La recuperación posterior estuvo impulsada por la solidez de la demanda interna, en particular del consumo privado, apoyado por el aumento de los salarios. En cambio, la demanda externa neta tuvo una contribución negativa al crecimiento del Producto Interior Bruto (PIB) en 2024 en comparación con el año anterior.

Impulsada inicialmente por el aumento de los costes asociados a la pandemia, las interrupciones en el suministro y el encarecimiento de las materias primas, la inflación ha superado el objetivo del 2 por ciento del Banco de Japón durante los últimos tres años. Aunque el impacto directo de estas perturbaciones se ha reducido en gran medida, parecen haber generado un cambio estructural en la economía, cada vez más determinada por la demanda interna, a medida que se cierra la brecha de producción y se intensifica la escasez de mano de obra. Estos factores alimentan el optimismo de poder alcanzar y mantener una estabilización de las expectativas de inflación, si bien el principal desafío a largo plazo continúa siendo el bajo crecimiento de la productividad, condicionado por el envejecimiento de la población y la rigidez del mercado laboral.

La deuda pública de Japón se mantiene en niveles muy elevados, siendo la mayor entre los países que integran la Organización para la Cooperación y el Desarrollo Económicos (OCDE). Además, se prevé que aumente a partir de 2030, impulsada por el incremento de los pagos de intereses y las crecientes presiones de gasto vinculadas a la sanidad y a la atención de una población cada vez más envejecida.

Desde el punto de vista demográfico, el país atraviesa una profunda transformación, marcada por una reducción significativa de la población en edad de trabajar del 13 por ciento entre 2000 y 2019, mientras que la proporción de personas mayores de 65 años alcanzó en 2023 el 29 por ciento, la más alta del mundo. Este proceso de envejecimiento ya ha tenido un impacto considerable en el mercado laboral, contribuyendo a la actual escasez de mano de obra y limitando el dinamismo económico, con una tasa de crecimiento moderada que promedió alrededor del 0,8 por ciento entre 2000 y 2019. Se prevé que estas tendencias se intensificarán, con una nueva reducción de la población en edad de trabajar de aproximadamente un 35 por ciento para 2065.

En este contexto, el mercado laboral se ha tensionado aún más, impulsando el mayor crecimiento salarial desde la década de 1990. La tasa de desempleo descendió hasta su nivel previo a la pandemia (2,2 por ciento en diciembre de 2024), mientras que la relación entre ofertas de empleo y solicitudes se estabilizó en un nivel relativamente elevado. La escasez de mano de obra reportada por las empresas superó los máximos registrados antes de la pandemia, especialmente en los sectores de servicios, como la sanidad y la construcción. La rigidez del mercado laboral, junto con varios años de elevada inflación, respaldó un acuerdo para un incremento salarial medio del 5,1 por ciento durante las negociaciones de primavera de 2024. Esto se tradujo en un aumento gradual de los salarios nominales. No obstante, en términos reales, el crecimiento salarial reciente sigue siendo limitado y solo ha compensado parcialmente la pérdida de poder adquisitivo sufrida desde 2021 a causa de la inflación.

En cuanto a la productividad laboral, su evolución ha sido más favorable de lo que refleja el crecimiento agregado. En términos de PIB por hora trabajada, Japón se situó por encima de todos los países del G7, excepto Estados Unidos. En cambio, el PIB per cápita se ha mantenido rezagado, debido a la reducción de la población en edad de trabajar, la expansión del empleo a tiempo parcial, incluido entre mujeres y trabajadores de 65 años o más, así como la disminución gradual de las horas medias trabajadas desde niveles históricamente elevados.

En el ámbito externo, destaca un aumento cercano al 50 por ciento en las exportaciones reales de servicios, impulsado por la reapertura tras la COVID-19 y por una depreciación del tipo de cambio real efectivo de alrededor del 20 por ciento. En cambio, las exportaciones manufactureras se han mantenido moderadas en los últimos años. La cuota de Japón en las exportaciones mundiales se redujo en 2024 y actualmente se sitúa un punto porcentual por debajo del nivel registrado en 2019. Entre los factores que podrían explicar este retroceso destacan, por un lado, la moderación de la demanda de los principales socios comerciales, reflejada en el estancamiento del volumen de importaciones de bienes de China durante los dos últimos años. Por otro lado, la intensificación de la competencia internacional, en particular en el sector del automóvil, parece haber limitado el dinamismo exportador. Finalmente, la creciente inversión extranjera directa procedente de Japón ha estado vinculada a la deslocalización de parte de la producción, lo que ha reducido los volúmenes exportados, aunque al mismo tiempo ha incrementado los ingresos primarios.

La incertidumbre política también ha ejercido una influencia significativa en la orientación de la actividad económica. Tras tres años en el poder, el primer ministro Fumio Kishida, promotor del *Nuevo Capitalismo*, dimitió en octubre de 2024 en un contexto marcado por bajos índices de popularidad. Su sucesor, Shigeru Ishiba, asumió el cargo al frente de un gobierno minoritario, después de que la histórica alianza entre el Partido Liberal Democrático y Komeito perdiera la mayoría en la Cámara Baja. Las prioridades anunciadas por el nuevo gobierno señalaban una línea de continuidad en materia económica, con énfasis en el fomento del crecimiento inclusivo, la transición ecológica, el fortalecimiento de la defensa nacional y el refuerzo de la resiliencia del estratégico sector de los semiconductores. Sin embargo, el 7 de septiembre de 2025, apenas un año después de asumir el cargo, Ishiba anunció su dimisión con el objetivo de evitar mayores divisiones internas en su partido. Está previsto que el nuevo primer ministro de Japón sea elegido el próximo 15 de octubre.

2. DISEÑO DE LA POLÍTICA ECONÓMICA

Desde su llegada al poder en el otoño de 2021, el primer ministro japonés, Fumio Kishida (Partido Liberal Democrático), orientó su agenda política hacia la promoción de un crecimiento sostenible e inclusivo. Esta estrategia se sitúa en la continuidad de la política de *Abenomics*, aunque con un énfasis mucho mayor en la distribución de los ingresos y en la reducción de las desigualdades. Con el fin de materializar sus objetivos, Kishida creó el Consejo para una Nueva Forma de Capitalismo, un grupo de expertos encargado de formular propuestas específicas. El resultado de este proceso fue la presentación en 2023 de una estrategia nacional bajo el nombre de *Nuevo Capitalismo* (*New Form of Capitalism*), que pretende responder a los desafíos estructurales del país y, al mismo tiempo, ofrecer un modelo alternativo de desarrollo sostenible con proyección internacional.

La propuesta parte de una crítica explícita al neoliberalismo. Si bien este modelo impulsó la globalización y el crecimiento desde la década de los 80, también generó importantes desequilibrios, como el aumento de la desigualdad, la fragilidad en la seguridad económica y un deterioro medioambiental de gran alcance. Además, teniendo en cuenta que Japón se enfrenta a problemas propios, como el envejecimiento y reducción de la población, estancamiento salarial, baja productividad e insuficiente inversión en capital humano y tecnológico, el *Nuevo Capitalismo* no se concibe únicamente como un plan coyuntural de recuperación económica, sino como un proyecto de reforma estructural capaz de ofrecer un modelo alternativo al neoliberalismo predominante en las últimas décadas. El planteamiento central de este documento sostiene que los desafíos sociales, ambientales y demográficos no deben entenderse como obstáculos externos al crecimiento, sino como catalizadores capaces de impulsar innovación, productividad y bienestar. Bajo este prisma, la política económica ya no se orienta únicamente a facilitar la eficiencia del mercado, sino a promover un ciclo virtuoso en el que el crecimiento y la distribución se refuercen mutuamente.

El *Nuevo Capitalismo* representa, así, una tercera gran transformación del sistema capitalista, tras el laissez-faire clásico del siglo XIX y el Estado de bienestar del siglo XX. Su fundamento se basa en la cooperación estrecha entre mercado y Estado, y en la interacción entre sector público y privado, con el objetivo de resolver los problemas sociales y convertirlos en motores de innovación y crecimiento.

El plan descansa en cuatro grandes principios:

1. Ciclo virtuoso de crecimiento y distribución

Este primer principio busca romper con la dinámica que ha dominado la economía japonesa en las últimas décadas: bajos salarios, bajo consumo y baja inversión. Dicha trampa de estancamiento ha debilitado a la clase media y ha limitado la capacidad de dinamización del país. El *Nuevo Capitalismo* propone revertir este patrón mediante la creación de un ciclo virtuoso en el que los beneficios empresariales se traduzcan en aumentos salariales estructurales, lo que estimule el consumo, incentive nuevas inversiones productivas y genere más crecimiento y productividad. La clave es concebir la distribución no como un resultado pasivo del crecimiento, sino como un motor activo del mismo. De esta forma, las políticas salariales adquieren un papel estratégico en el que los aumentos de sueldos dejan de ser vistos únicamente como un coste para las empresas y se conciben como un mecanismo indispensable para expandir la demanda agregada y consolidar la sostenibilidad del crecimiento a largo plazo. Además, este enfoque se orienta a mejorar la cohesión social y a recuperar la confianza ciudadana en el sistema económico, lo que a su vez refuerza la estabilidad política y el dinamismo económico.

2. Corrección de fallos de mercado y defensa de valores universales

El segundo principio reconoce explícitamente los límites de la lógica del mercado para resolver ciertos problemas contemporáneos. Desafíos como el cambio climático, el envejecimiento poblacional, la transición energética o la seguridad alimentaria requieren de políticas deliberadas que complementen y corrijan las insuficiencias del mercado. La experiencia histórica de las últimas décadas ha demostrado que un exceso de la confianza ciega en las fuerzas del mercado puede conducir a vulnerabilidades sistémicas, desigualdades y riesgos ambientales de gran magnitud.

El *Nuevo Capitalismo* pretende, por tanto, conciliar la competitividad con la cohesión social, demostrando que la eficiencia económica no tiene por qué estar reñida con la justicia social o la sostenibilidad. Al mismo tiempo, el principio subraya la necesidad de defender valores universales, como la libertad, la democracia y los derechos humanos, frente al auge de formas de capitalismo más autoritarias, donde el crecimiento económico se persigue en detrimento de las libertades individuales y colectivas. En este sentido, la estrategia japonesa no es únicamente económica, sino también ideológica y normativa que busca consolidar un modelo que combine prosperidad con respeto a los principios democráticos.

3. Enfoque conjunto de mercado y Estado

El tercer principio aborda un dilema histórico–la tensión entre libre mercado e intervencionismo estatal. El *Nuevo Capitalismo* rechaza ambos extremos y plantea un modelo híbrido en el que Estado y mercado actúan como socios complementarios. Bajo este modelo, el Estado no se limita a regular ni a corregir, sino que participa activamente en la creación de nuevos mercados y oportunidades, mientras que las empresas privadas no solo buscan maximizar beneficios, sino que asumen responsabilidades sociales. De esta manera, desafíos como el cambio climático, el envejecimiento o la digitalización se convierten en oportunidades de innovación en sectores como las energías limpias, la biotecnología o la inteligencia artificial. La colaboración público-privada se convierte, de este modo, en el eje central del *Nuevo Capitalismo,* al tiempo que trasciende la dicotomía tradicional entre mercado y Estado.

4. Bienestar sostenible e inclusivo

El cuarto principio reconoce que el crecimiento económico carece de legitimidad si no se traduce en bienestar compartido. En el caso de Japón, marcado por un envejecimiento poblacional acelerado y crecientes desigualdades de género, edad y empleo, el objetivo es garantizar que los frutos del crecimiento se distribuyan de manera más equitativa. Esto implica fortalecer a la clase media, ampliar el acceso a oportunidades laborales y educativas, reducir las brechas salariales y garantizar un sistema de seguridad social sólido y sostenible.

El bienestar sostenible no se entiende únicamente como redistribución, sino como una condición indispensable para la resiliencia económica. Una sociedad más equitativa y cohesionada es también más innovadora, más productiva y más capaz de adaptarse a los cambios globales. De este modo, la inclusión social, la equidad de género, el apoyo a las familias y la protección intergeneracional dejan de ser vistos como "gastos sociales" y se reconceptualizan como inversiones estratégicas en el futuro económico del país.

A partir de estos principios, la estrategia se despliega en múltiples ejes de actuación:

- **Inversión en personas y reforma del mercado laboral**. Este eje contempla medidas destinadas a potenciar el capital humano mediante programas de *re-skilling* y movilidad laboral hacia sectores en expansión, así como la implantación de nuevos esquemas salariales más vinculados a la productividad. Se incluyen, además, políticas de diversidad y equidad orientadas a corregir las brechas salariales de género, fomentar la participación femenina en el mercado de trabajo y promover una mayor integración de trabajadores de edad avanzada o extranjeros. Un componente esencial es el apoyo específico a las pequeñas y medianas empresas, con el fin de que adopten las reformas propuestas y participen activamente en los procesos de modernización y en la mejora salarial.
- **Inversión en la transformación verde (GX) y digital (DX).** Se prevé impulsar una doble transición estructural mediante el fortalecimiento de ecosistemas de innovación basados en alianzas público-privadas, el apoyo a universidades de excelencia, la movilidad internacional de investigadores y la creación de *impact startups* capaces de responder a desafíos sociales y ambientales. La apuesta por la transición energética y la digitalización no solo persigue objetivos de sostenibilidad, sino también de competitividad y seguridad económica.
- **Reforma empresarial y fortalecimiento del ecosistema emprendedor**. Este eje incluye la puesta en marcha de un plan quinquenal de apoyo a startups con instrumentos financieros y fiscales, acompañado de la creación de redes de capital humano y el estímulo a la innovación abierta. Asimismo, se busca facilitar los procesos de entrada y salida de empresas mediante un marco legal más ágil para sucesiones, fusiones

y adquisiciones. De manera complementaria, se promueve el apoyo a ONG y empresas con impacto social en ámbitos clave como la salud, el envejecimiento, el cambio climático y la educación, consolidando así una economía más diversa y con mayor responsabilidad social.

- **Política de ingresos y fortalecimiento de la clase media**. Con este objetivo, se plantea el denominado Plan de duplicación de ingresos por activos, que contempla reformas en los sistemas de ahorro e inversión (NISA, iDeCo) con el fin de ampliar la base inversora de la población y fomentar la acumulación patrimonial. A ello se suma el desarrollo de programas de educación financiera para consolidar una cultura de inversión responsable. Este eje también incorpora medidas de protección de las cadenas de suministro estratégicas y el refuerzo de la seguridad alimentaria y energética, en un contexto internacional caracterizado por crecientes tensiones geopolíticas.
- **Cohesión territorial y multipolaridad**. La estrategia incorpora la *Digital Garden City Nation Vision,* un proyecto de revitalización de las áreas rurales a través de la digitalización, la mejora del transporte, la sanidad y la educación, con el fin de garantizar servicios accesibles y de calidad en todo el territorio. Esta visión se complementa con una descentralización de recursos, poder económico y oportunidades laborales, orientada a contrarrestar la excesiva concentración urbana y a promover un desarrollo más equilibrado y sostenible.
- **Proyección internacional**. El *Nuevo Capitalismo* busca reforzar la posición de Japón en la escena global mediante el fortalecimiento de alianzas con países afines en el marco del G7 y con otros países afines frente al auge de modelos de capitalismo autoritario. Asimismo, la estrategia apuesta por impulsar un orden económico internacional abierto, basado en el libre comercio, en reglas transparentes y en una seguridad compartida. En este contexto, Japón pretende aprovechar grandes eventos internacionales, como la Expo Osaka 2025, para proyectar al exterior la narrativa y los logros de su *Nuevo Capitalismo.*

En definitiva, el *Nuevo Capitalismo* japonés constituye una apuesta por un modelo híbrido que combina crecimiento económico, distribución justa e innovación tecnológica con políticas sociales inclusivas. En lugar de considerar los grandes retos, tales como el cambio climático, el envejecimiento demográfico, la desigualdad o las tensiones geopolíticas, exclusivamente como obstáculos para el desarrollo, esta estrategia propone transformarlos en fuentes de dinamismo económico mediante la colaboración entre Estado, mercado y sociedad civil.

3. EJECUCIÓN DE LA POLÍTICA ECONÓMICA Y RESULTADOS

Para alcanzar el objetivo del *Nuevo Capitalismo*, orientado a lograr un crecimiento sostenible impulsado por la demanda privada y a establecer un círculo virtuoso de crecimiento y distribución, el gobierno japonés ha diseñado las Medidas Económicas Integrales para el ejercicio fiscal 2023, cuya aplicación se prolonga con continuidad presupuestaria en los ejercicios 2024 y 2025.

Entre las medidas fiscales más relevantes, destaca un nuevo paquete de estímulo fiscal, anunciado por las autoridades a comienzos de noviembre de 2024. Este paquete se articula en torno a cinco pilares fundamentales:

- Mitigación del impacto de la inflación en los hogares, mediante una rebaja del impuesto sobre la renta de las personas físicas, transferencias en efectivo a los hogares de bajos ingresos y la ampliación de las subvenciones a la energía.
- Apoyo a las empresas para promover aumentos salariales sostenidos, con el fin de fortalecer el poder adquisitivo y estimular la demanda interna.
- Impulso a la inversión nacional, incluyendo subvenciones destinadas al desarrollo de la inteligencia artificial y la investigación espacial, así como a las inversiones estratégicas relacionadas con los semiconductores.
- Reforma social para afrontar el descenso demográfico, con medidas específicas vinculadas a las políticas de infancia y apoyo familiar.
- Refuerzo de la resiliencia nacional, que comprende iniciativas en materia de seguridad nacional, así como de prevención y mitigación de catástrofes.

Se prevé que el nuevo gasto público será en torno al 2,3 por ciento del PIB, y junto con la reducción impositiva prevista (0,7 por ciento del PIB), el impacto fiscal total ascendería aproximadamente al 3 por ciento del PIB. Cabe recordar que un año antes, en noviembre de 2023, las autoridades ya habían anunciado una reducción del impuesto sobre la renta y del impuesto residencial local, aplicable a todos los contribuyentes excepto a aquellos con ingresos anuales superiores a 20 millones de yenes (menos del 1por ciento de la población). Esta reducción fiscal, equivalente a 40.000 yenes por persona (unos 275 dólares), está prevista a partir de junio de 2024.

En cuanto a los subsidios a los combustibles, estos siguen concebidos como una medida de carácter temporal para mitigar los efectos adversos de los elevados precios de la energía sobre la economía. Los subsidios a la gasolina se introdujeron en enero de 2022, mientras que los destinados al gas y la electricidad comenzaron en enero de 2023. La finalización de estas ayudas se ha pospuesto en varias ocasiones: en marzo de 2024, las autoridades anunciaron que los subsidios al gas y la electricidad concluirían a finales de mayo, aunque los de la gasolina se prorrogarían.

Por otro lado, el presupuesto suplementario para 2025 se orienta principalmente a reforzar la oferta con el objetivo de potenciar el crecimiento potencial, al tiempo que destina apoyos específicos a los grupos más vulnerables afectados por el incremento de los precios. En este marco, los gastos previamente dirigidos a sostener la recuperación económica, como las transferencias a los hogares y a las pymes, se han reducido parcialmente. Se prevé que los ingresos fiscales aumenten, impulsados por los sólidos beneficios empresariales, lo que permitirá compensar con holgura el efecto negativo derivado de la reducción del impuesto sobre la renta de las personas físicas. Sin embargo, a pesar de esta mejora en la recaudación, se estima que el déficit fiscal se haya deteriorado ligeramente, pasando del 2,3 por ciento del PIB en 2023 al 2,5 por ciento en 2024. Asimismo, el déficit primario de 2024, situado en el 2,1 por ciento del PIB, continúa lejos de la meta fijada por las autoridades de alcanzar un superávit primario en el ejercicio fiscal 2025.

En este contexto, las autoridades reiteran su compromiso de alcanzar a medio plazo un superávit primario y de avanzar gradualmente en la reducción de la ratio de deuda pública sobre el PIB, que en 2024 se situó en el 234,9 por ciento. Asimismo, prevén incluir en el próximo paquete de medidas un plan de consolidación fiscal destinado a reforzar la sostenibilidad de las finanzas públicas.

En el ámbito de la política monetaria, el Banco de Japón puso fin a su política de tipos de interés negativos y revisó su marco excepcional en marzo de 2024. Con una creciente confianza en que el objetivo de inflación del 2 por ciento podría alcanzarse de forma sostenible a lo largo del horizonte de política, la institución eliminó el control de la curva de rendimientos y retornó a un marco estándar basado en objetivos de tipos de interés a corto plazo. De este modo, dejó de fijar un nivel concreto de rendimiento de la deuda pública japonesa a diez años, eliminando tanto los objetivos como las bandas de fluctuación duras y blandas.

En este marco, el Banco de Japón subió el tipo de interés oficial a corto plazo por primera vez desde febrero de 2007, poniendo fin a ocho años de política de tipos negativos. El tipo de interés a un día sin garantía se restableció como referencia principal, con una banda de entre el 0 y el 0,1 por ciento (frente al intervalo previo de -0,1 a 0 por ciento).

Asimismo, abandonó la política de relajación cuantitativa y cualitativa, aunque mantuvo las compras de bonos del Estado japonés en torno a una media de 6 billones de yenes mensuales, con el compromiso de incrementarlas en caso necesario para evitar un repunte excesivo de los tipos a largo plazo. En paralelo, puso fin de forma inmediata a las compras de fondos del comercio bursátil y de fondos de inversión inmobiliaria y anunció la reducción gradual de las adquisiciones de pagarés y bonos corporativos, que se eliminarán en el plazo aproximado de un año.

El Banco de Japón señaló que las condiciones financieras acomodaticias se mantendrán, dado que las expectativas de inflación a largo plazo todavía no se encuentran firmemente ancladas en el 2 por ciento. En este marco, eliminó también su "compromiso de superación de la inflación", que vinculaba el aumento de la base monetaria al mantenimiento estable del Índice de precios al consumo (IPC) (excluidos alimentos frescos) por encima del objetivo del 2 por ciento.

Tras la normalización de su marco de política monetaria en marzo de 2024, el Banco de Japón procedió en julio del mismo año a una segunda subida del tipo de interés oficial a corto plazo, situándolo en el 0,25 por ciento. En esa misma reunión anunció además una reducción gradual de las compras mensuales de bonos del Estado japonés, que pasarán de 5,7 billones de yenes en julio de 2024 a 2,9 billones en el primer trimestre de 2026, lo que conducirá a un volumen neto de compras negativo. Posteriormente, en enero de 2025, el tipo de interés oficial se incrementó de nuevo hasta el 0,5 por ciento.

El Banco de Japón ha señalado que continuará elevando los tipos de manera gradual si sus previsiones macroeconómicas de referencia se cumplen. En el mercado de deuda pública, tanto las expectativas de tipos libres de riesgo como las primas de plazo han aumentado de forma paulatina en consonancia con la retirada de la política monetaria acomodaticia. El incremento de estas primas, especialmente en los tramos de vencimiento más largos, entre 15 y 40 años, ha provocado un empinamiento de la curva de rendimientos de los bonos del Estado.

Estas decisiones reflejan la evaluación del Banco de Japón de que la economía y los precios evolucionan de acuerdo con sus proyecciones. La inflación subyacente del IPC ha aumentado de manera gradual hasta alcanzar el 2 por ciento, acompañada de un crecimiento sostenido de los salarios.

De cara al futuro, el Banco de Japón reafirma su compromiso con una política monetaria guiada por los datos, prestando especial atención a los riesgos tanto internos como externos. Aunque los tipos de interés reales han comenzado a repuntar, permanecen claramente en terreno negativo, mientras que las condiciones financieras siguen siendo acomodaticias. La orientación futura dependerá de la evolución de la actividad económica, de la inflación y de las condiciones de los mercados, pero se espera que la institución continúe ajustando de forma progresiva el grado de acomodación y reforzando su comunicación con el objetivo de aumentar la eficacia de su política monetaria.

Con el objetivo de mejorar la productividad total de los factores, que lleva una década ralentizándose, el gobierno japonés lanzó en 2021 una Nueva Dirección de Política Económica e Industrial, orientada a alcanzar ocho grandes metas, entre ellas la seguridad económica, la resiliencia, el crecimiento inclusivo y la transformación ecológica y digital. En mayo de 2022, las autoridades anunciaron un plan para invertir veinte billones de yenes en la transición ecológica durante la próxima década. Posteriormente, en noviembre de 2024, presentaron un programa para destinar más de diez billones de yenes a las industrias de semiconductores e inteligencia artificial hasta el ejercicio fiscal de 2030, en un contexto en el que la cuota mundial de los semiconductores japoneses se ha reducido drásticamente, pasando del cincuenta por ciento en 1988 al diez por ciento en 2019. El apoyo fiscal en el período 2021-2024 alcanzó una media anual del 0,2 por ciento del PIB, incluyendo subvenciones a grandes empresas extranjeras de semiconductores con el fin de incentivar la instalación de nuevas fábricas en el país. Esta estrategia busca evitar prácticas proteccionistas que discriminen las importaciones, así como prevenir una fragmentación del sistema global de comercio e inversión, contribuyendo de ese modo al liderazgo de Japón en la OMC.

En paralelo, Japón ha intensificado su compromiso con la transformación ecológica, siendo actualmente el séptimo mayor emisor de gases de efecto invernadero a nivel mundial. Su objetivo intermedio establece una reducción del 46 por ciento de las emisiones para 2030 respecto a los niveles de 2013. En febrero de 2025, el gobierno revisó este objetivo y fijó nuevas metas de reducción de emisiones hasta 2040, en línea con el Acuerdo de París. Asimismo, se comprometió a poner fin a la construcción de nuevas centrales eléctricas nacionales de carbón. Cabe destacar que Japón es también uno de los principales contribuyentes internacionales al Fondo Verde para el Clima de Naciones Unidas (1.500 millones de dólares) y al Fondo Fiduciario para la Resiliencia y la Sostenibilidad del FMI (6.600 millones de dólares).

Dentro de la agenda de políticas estructurales, las reformas del mercado laboral ocupan un lugar central, en un contexto de rápido envejecimiento demográfico y creciente escasez de mano de obra. Las políticas laborales pretenden aumentar las horas trabajadas por mayores y mujeres, al tiempo que favorecen la movilidad laboral necesaria para acomodarse a la adopción de la inteligencia artificial (IA). Japón presenta una de las mayores densidades de robots en la industria manufacturera a nivel mundial, lo que ha reducido los empleos rutinarios. El envejecimiento de la población ha acelerado la automatización, dado que los sectores con mayor caída en la proporción de jóvenes dentro del empleo total fueron también los que más invirtieron en software. No obstante, la capacidad actual de la IA para resolver la escasez de mano de obra relacionada con el envejecimiento es aún limitada. Japón cuenta con una proporción más elevada de puestos con baja exposición a la IA respecto a otros países comparables, y con una proporción más reducida de empleos con alta complementariedad con esta tecnología. Aunque los trabajadores de mayor edad presentan menor exposición a la IA que los más jóvenes, ciertos perfiles, como las ocupaciones administrativas y de ventas, desempeñadas en gran medida por mujeres, corren un riesgo significativo de sustitución. Las brechas de competencias entre empleos con alta y baja exposición a la IA limitan la movilidad laboral, si bien existe cierto solapamiento entre profesiones en riesgo de sustitución y aquellas altamente complementarias con la IA, lo que abre la posibilidad de diseñar políticas activas de formación y reconversión para mitigar los efectos negativos de la automatización.

El gobierno también ha intensificado sus esfuerzos para atraer trabajadores extranjeros, mediante programas específicos para perfiles cualificados y profesionales altamente especializados en sectores estratégicos como la sanidad y la construcción. Como resultado, el número de trabajadores extranjeros casi se ha triplicado en la última década, representando en 2023 cerca del tres por ciento del empleo total. Estos trabajadores se concentran principalmente en la industria manufacturera, los servicios profesionales, el comercio mayorista y minorista y el sector del alojamiento.

Asimismo, Japón cuenta con una elevada tasa de participación laboral de las personas mayores. La edad de jubilación pública se ha incrementado gradualmente de 60 a 65 años desde 2001, y los empleadores tienen la obligación de garantizar empleo hasta esa edad si los trabajadores así lo solicitan. Muchos mayores optan por empleos no regulares debido a su mayor flexibilidad, aunque esta preferencia también se ve influida por incentivos económicos, ya que un incremento excesivo de ingresos puede implicar la pérdida parcial de prestaciones de jubilación.

Pese a los avances significativos en la participación femenina en el mercado de trabajo durante la última década, la representación de las mujeres en cargos directivos y políticos sigue siendo reducida. Ello obedece, en gran medida, a la escasa corresponsabilidad en las tareas domésticas y de cuidado, así como a la elevada proporción de mujeres empleadas en puestos a tiempo parcial o sin proyección profesional. Según la OCDE, las mujeres japonesas dedican más de cinco veces más horas que los hombres al trabajo no remunerado, una cifra superior a la de la mayoría de los países avanzados. La cultura laboral japonesa, caracterizada por largas jornadas presenciales, refuerza aún más esta brecha y perpetúa la división tradicional de roles de género. Los empleos a tiempo parcial o sin trayectorias profesionales suelen ofrecer escasas prestaciones, formación y oportunidades de promoción. La ampliación de los servicios de cuidado infantil y la consolidación de reformas en el estilo de trabajo y en el mercado laboral son esenciales para mejorar las perspectivas profesionales de las mujeres y, al mismo tiempo, favorecer un repunte de la fertilidad en el país.

La tasa de fecundidad, por su parte, ha seguido una trayectoria descendente durante las últimas tres décadas. En 2022 se situó en 1,26 hijos por mujer, una de las más bajas entre las economías del G7, aunque aún por encima de otros países avanzados de Asia Oriental. Para revertir esta tendencia, las autoridades han anunciado diversas iniciativas, incluida la Estrategia Futura para la Infancia, presentada en diciembre de 2023. Este plan prevé incrementar el gasto relacionado con la infancia en 3,6 billones de yenes anuales (aproximadamente el 0,6 por ciento del PIB) para el ejercicio 2028. Además, el gobierno proyecta duplicar la asignación presupuestaria destinada a la Agencia de la Infancia y la Familia por cada niño hacia comienzos de la década de 2030. La estrategia incorpora también medidas para fomentar la coparentalidad y ampliar la cobertura de guarderías. Una mayor inversión en servicios de cuidado infantil, especialmente para niños de 0 a 2 años, podría contribuir tanto a elevar la tasa de fertilidad como a facilitar la participación femenina en el mercado laboral. En este marco, la contratación de trabajadores extranjeros en sectores como la educación infantil podría complementar el aumento de la oferta de guarderías. Asimismo, incentivar el uso del permiso de paternidad, que aunque en ascenso sigue siendo bajo, aliviaría la carga de cuidado que recae principalmente en las madres.

En lo que respecta a la innovación, el ecosistema de startups en Japón ha mostrado una expansión gradual en los últimos años, aunque aún con un amplio margen de crecimiento. Las startups japonesas suelen ser más pequeñas que las de otros países y cuentan con un nivel de financiación de capital riesgo relativamente bajo en relación con el PIB. Una característica distintiva es el papel central de las grandes corporaciones en la financiación de nuevas empresas mediante sus unidades de capital riesgo corporativo, aprovechando sus importantes reservas de liquidez. El gobierno continúa apoyando el desarrollo del emprendimiento y la financiación de capital riesgo, promoviendo incubadoras en áreas estratégicas como el centro de Tokio. En 2023, la Corporación Japonesa de Inversiones lanzó un fondo de crecimiento de 200.000 millones de yenes destinado a respaldar a startups en fases avanzadas, con el propósito de crear unicornios y diversificar el apoyo a empresas emergentes en sectores más allá de la alta tecnología y las ciencias de la vida.

Con vistas al futuro, se prevé que la economía japonesa mantenga una recuperación moderada, apoyada en la mejora del mercado laboral y en el incremento de los ingresos, favorecidos por un aumento salarial del 5,5 por ciento. Según las proyecciones del Banco de Japón, la inflación medida por el IPC excluidos los alimentos frescos se situará en un rango de entre el 2,2 y el 2,6 por ciento interanual durante el ejercicio fiscal 2025, para luego descender gradualmente hasta alrededor del 2 por ciento en 2026. Este escenario resulta fundamental para consolidar un entorno en el que el crecimiento de los salarios supere de forma sostenida al de los precios, lo que impulsaría el consumo privado, respaldado a su vez por una inversión empresarial estable, garantizando así una transición fluida hacia una economía más dinámica y orientada al crecimiento interno.

No obstante, persisten riesgos a la baja para la actividad, especialmente vinculados a factores externos. Entre ellos destacan las incertidumbres sobre la desaceleración de las principales economías, en particular China, así como la evolución de las políticas económicas en el exterior. Dichos riesgos podrían afectar a la confianza de los hogares y, en consecuencia, debilitar el consumo privado. Además, en el marco del objetivo de asegurar un crecimiento sostenido de los salarios reales y de afianzar un círculo virtuoso entre salarios y precios, la transmisión del tipo de cambio a la inflación adquiere especial relevancia en un entorno de baja inflación, ya que puede limitar la capacidad de crecimiento de los salarios reales.

Cuadro Macroeconómico de la economía japonesa. 2019-2024

INDICADORES	2019	2020	2021	2022	2023	2024P
PIB nominal (miles de millones de dólares)	5.118	5.054	5.039	4.262	4.213	4.026
Crecimiento del PIB real (porcentaje)	-0,4	-4,2	2,7	0,9	1,5	0,1
PIB per cápita (PPA en dólares)	42.818	42.566	44.657	48.454	51.180	52.713
Tasa de paro (porcentaje de la población activa)	2,6	2,8	2,8	2,6	2,6	2,6
Inflación (porcentaje)	0,5	-0,03	-0,2	2,5	3,3	2,7
Saldo presupuesto público (porcentaje del PIB)	-3,0	-9,1	-6,1	-4,2	-2,2	-2,5
Deuda pública (porcentaje del PIB)	236,4	258,4	253,7	248,3	239,9	236,7
Exportaciones de bienes (miles de millones de dólares)	663,3	709,2	639,2	561,5	630,2	707,0
Importaciones (miles de millones de dólares)	726,7	852,0	650,2	556,3	643,9	742,6
Saldo comercial (miles de millones de dólares)	-63,4	-142,8	-11	5,2	-13,7	-35,6
Reservas internacionales (miles de millones de dólares)	1.324	1.395	1.416	1.238	1.295	1.231

Notas: P – previsión.

***Fuente*:** Elaboración propia a partir de los datos de Fondo Monetario Internacional.

Política Económica en El Salvador

HENRY ARAY
Departamento de Teoría e Historia Económica
Universidad de Granada

1.- LOS PROBLEMAS DE LA ECONOMÍA DE EL SALVADOR

En el año 2019 El Salvador experimentó uno de los giros más radicales que se ha producido en Latinoamérica en la última década con llegada de Nayib Bukele a la presidencia de la república. El ascenso de Bukele estaría fuertemente explicado por las características de la economía y los problemas económicos padecidos en los períodos precedentes.

El Salvador es una de las economías más pequeñas de América Latina y altamente dependiente de factores externos, entre los que destacan, la dolarización y las remesas. Desde 2001, el dólar estadounidense es la moneda oficial, lo cual impide la implementación de políticas monetarias y cambiarias. Si bien ello ha estabilizado la inflación y fortalecido la confianza en el sistema financiero, ha limitado la competitividad y la capacidad de respuesta ante choques externos. Por otro lado, la alta dependencia de las remesas, las cuales alcanzaron el 21% del PIB en el año 2019, aunque sostienen el consumo interno y reducen la pobreza, reflejan una actividad económica débil, una fuerte migración laboral y una gran exposición a la evolución de la economía de los Estados Unidos, país principal destino de los migrantes salvadoreños. Otro de los grandes problemas de El Salvador era su elevada deuda pública, constituyendo una de las más preocupantes de los países latinoamericanos (78% del PIB en 2019).

El Salvador presenta además problemas estructurales típicos de la mayoría de los países latinoamericanos, como la informalidad laboral y baja productividad, con un 69,1% de los trabajadores en el sector informal de la economía en el año 2019; desigualdad y pobreza, con un índice de Gini de 38,8 en el mismo año. Según los datos de la Encuesta de Hogares de Propósitos Múltiples (EHPM), alrededor de un 23% de la población vivía en condiciones de pobreza en 2019. No obstante, el aspecto más llamativo de El Salvador había sido la inseguridad ciudadana. El Salvador ha tenido en las últimas décadas altas tasas de criminalidad e inseguridad. Por ejemplo, en el año de toma de posesión de Bukele, El Salvador tenía la segunda tasa de homicidios más alta de Latinoamérica (39 por cada 100.000 habitantes) solo superada por Honduras (41 por cada 100.000 habitantes).

Todo lo anterior ha tradicionalmente limitado la inversión, el crecimiento económico y el bienestar. Por lo tanto, el ascenso de Nayib Bukele a la presidencia de El Salvador en 2019 no puede entenderse sin el telón de fondo de una serie de problemas económicos y sociales que venían arrastrándose en el país durante décadas, y que generaron un profundo descontento con la clase política tradicional.

Desde el fin de la guerra civil, el poder se había alternado principalmente entre dos partidos: la Alianza Republicana Nacionalista (ARENA, de derecha) y el Frente Farabundo Martí para la Liberación Nacional (FMLN, de izquierda). Ambos partidos se vieron salpicados por acusaciones de corrupción. Esta percepción de que los partidos solo se preocupaban por sus propios intereses y no por los problemas de la gente (como la inseguridad y la falta de oportunidades económicas) generó una profunda frustración y sed de cambio radical.

En las décadas de 1990 y principios de los 2000, El Salvador implementó un proceso de privatizaciones en sectores clave como las telecomunicaciones, la generación de electricidad, la banca y los fondos de pensión. Aunque estas medidas buscaron modernizar la economía, para una parte significativa de la población, se percibieron como un despojo de activos nacionales en beneficio de unos pocos, erosionando la confianza en el sistema. A pesar de los esfuerzos de reconstrucción tras la guerra civil a partir de 1992 y la dolarización en 2001, la economía salvadoreña mostró un crecimiento medio del PIB de alrededor de 2,4%, por debajo del crecimiento medio del PIB de los países latinoamericanos excluidos los países de renta alta (2,8%), y con una estructura productiva orientada principalmente a servicios, comercio y maquila con bajo valor añadido y escasa diversificación industrial y tecnológica. Este crecimiento insuficiente fue incapaz de generar la cantidad de empleos de calidad que la población joven y en crecimiento requería. La falta de oportunidades forzó a millones de salvadoreños a emigrar, principalmente a Estados Unidos. La economía se volvió extremadamente dependiente de las remesas enviadas por estos migrantes, que se convirtieron en el principal motor de consumo, en lugar de una producción interna robusta. Esta dependencia subraya la incapacidad del país de ofrecer un futuro a sus ciudadanos.

En este ambiente de estancamiento económico, dependencia externa, desigualdad rampante y una profunda desconfianza en los partidos que habían gobernado desde los Acuerdos de Paz, la población estaba desesperada por un líder que prometiera un quiebre con el statu quo.

Bukele capitalizó brillantemente este sentimiento. Aunque sus promesas económicas iniciales a menudo se centraron en la inversión y la tecnología, su principal atractivo fue la promesa de desmantelar el viejo sistema político y atacar los problemas que la gente sentía a diario: la inseguridad y la falta de prosperidad económica, problemas que los gobiernos anteriores habían fallado consistentemente en resolver. El país enfrentaba retos en materia de inversión pública, competitividad y seguridad, factores que incidían negativamente en la atracción de capital extranjero. Su victoria representó, en gran medida, un voto de castigo contra el fracaso económico y político percibido de dos décadas de bipartidismo.

2.- DISEÑO DE LA POLÍTICA ECONÓMICA

La política económica de El Salvador ha estado condicionada por la dolarización, que excluye a las políticas monetarias y cambiarias. La falta de una moneda propia restringe las herramientas para responder a shocks externos y limita la capacidad del Banco Central para gestionar liquidez o devaluar la moneda como instrumento de competitividad. Por lo tanto, de las políticas económicas convencionales para incidir sobre la demanda agregada de la economía y la coyuntura económica, sólo la política fiscal queda disponible, por lo cual los instrumentos de política económica serán los impuestos y el gasto público. Por otro lado, están las políticas orientadas a afectar principalmente la oferta de la economía, las cuales se han enfocado en una política financiera basada en la adopción del Bitcoin y la política exterior, ambas con la finalidad de atraer inversión extranjera, impulsar la inclusión financiera y abaratar el coste de las remesas.

El objetivo final de la política económica ha sido aumentar el crecimiento de la economía para generar empleo formal y reducir la pobreza, mejorar la competitividad del país, aumentar el valor de las exportaciones, y mantener la estabilidad de las finanzas públicas.

Para conseguir tales objetivos, la estrategia de política fiscal del gobierno de Bukele para reconducir la economía salvadoreña se ha basado principalmente en el gasto público, con un enfoque integral que prioriza los gastos en seguridad como motor de desarrollo y la inversión pública en infraestructura. Esto contrasta con la política económica del gobierno anterior (Sánchez Cerén, 2014-2019) que se centró en programas sociales y subsidios, financiados en gran medida con endeudamiento. El Fondo Monetario Internacional (FMI) criticó la falta de reformas tributarias estructurales y advirtió sobre el riesgo de insostenibilidad de la deuda.

La seguridad como medio para alcanzar condiciones favorables para el desarrollo de la actividad económica ha hecho que el gobierno destine una gran cantidad de recursos públicos para lograr tal objetivo, y convertirla en uno de los pilares centrales para la creación de un ambiente favorable a la iniciativa privada.

Con la finalidad de acabar con el lastre de la inseguridad, el gobierno llevo a cabo lo que se denominó el Plan Control Territorial (PCT), el cual comenzó a implementarse poco después de que Bukele asumiera la presidencia, y cuya primera fase se centró en el control territorial y la acción represiva directa contra las estructuras criminales (maras). Este plan incluyó el despliegue de policías y soldados en los municipios con mayores índices de delincuencia, con la finalidad de recuperar el control de zonas dominadas por las pandillas. El PCT transcendió internacionalmente cuando se intensificó con detenciones masivas y la suspensión de ciertas garantías constitucionales después de la declaración del Régimen de Excepción en 2022. La drástica reducción de la violencia y la eliminación del control territorial de las pandillas tuvo un efecto económico inmediato. Las empresas, pequeños comerciantes y transportistas ya no están obligados a pagar la "renta" (extorsión), liberando capital para la inversión y el consumo.

La inversión pública y el desarrollo de las infraestructuras ha sido otro de los instrumentos de la política fiscal del gobierno de Bukele. El gobierno ha puesto un gran énfasis en la inversión pública como motor de crecimiento, priorizando sectores clave. Se han ejecutado y proyectado grandes inversiones en infraestructura vial, como la ampliación de la carretera del litoral, y proyectos emblemáticos para el turismo como la ruta Surf City, el aeropuerto del Pacífico y el tren del Pacífico. Todos estos concentrados en las áreas costeras de los departamentos del lado del océano pacífico, y con el objetivo de triplicar el sector turístico. Además, se han estado promoviendo grandes proyectos de largo plazo como la generación de energía geotérmica y se han realizado inversiones y reformas en puertos y recintos aduaneros para mejorar el clima de inversión y la agilidad en el comercio.

Se ha apostado también por el desarrollo tecnológico con proyectos de inversión destinados a crear miles de empleos en el sector tecnológico, mejorar las telecomunicaciones y reducir la brecha digital para favorecer la competitividad de la economía. Igualmente ha sido positivo la evolución del gasto en salud.[1] Sin embargo, el gasto en educación no ha experimentado un gran avance.

El gobierno de Bukele ha también hecho uso del instrumento fiscal de las transferencias y subsidios. Durante la pandemia, se otorgaron transferencias

[1] Ver https://investinelsalvador.gob.sv/es/modern-infrastructure/

monetarias directas a hogares vulnerables, además de subsidios generalizados a combustibles, energía y transporte, prolongados hasta 2023.

En relación a los instrumentos tributarios de la política fiscal, el gobierno de Bukele se ha caracterizado por un enfoque doble: un fuerte combate a la evasión y el contrabando para aumentar los ingresos, mientras que, por otro lado, ofrece incentivos a la inversión y exenciones fiscales a ciertas áreas clave, como la tecnología. La postura oficial del gobierno es la de no aumentar ni crear nuevos impuestos y financiar el Estado a través de la eficiencia en la recaudación y el combate a la corrupción.

En resumen, la política tributaria de Bukele se enfoca en maximizar los ingresos existentes mediante el control estricto (antievasión), mientras que simultáneamente otorga beneficios fiscales selectivos para aliviar a los consumidores y atraer inversión en sectores estratégicos (especialmente, el tecnológico).

Una política muy cuestionada es el control de precios impuesto en el año 2022 en respuesta a la inflación global. El Salvador, al tener una economía dolarizada, tiene su inflación anclada a la evolución de los precios internacionales. Se aplicaron 11 medidas ante la inflación mundial, que incluyeron la suspensión temporal de impuestos sobre la importación a más de 100 productos de la cesta básica y a insumos agrícolas para aliviar las presiones inflacionarias.

Aunado a lo anterior, el gobierno delineó un plan basado en la seguridad alimentaria creando los Agromercados, que son puntos de venta directa a precios controlados denominados "precios justos", y que, por lo tanto, constituye una intervención en el mercado. Además, el plan se ha enfocado en la producción agrícola y el control de la cadena de suministro, incluyendo amenazas a importadores por manipulación de precios.

El enfoque más polémico y distintivo de la política de Bukele ha sido la Ley Bitcoin en el año 2021, que convirtió al Bitcoin en moneda de curso legal junto con el dólar estadounidense, y convirtiendo a El Salvador en el primer país en el mundo en declarar el Bitcoin como moneda de curso legal. El objetivo principal de esta ley fue bancarizar a la población no atendida por la banca tradicional y reducir el costo de las remesas. Además, se buscó posicionar al país como un "hub" tecnológico y un destino atractivo para los inversores y entusiastas de las criptomonedas, ofreciendo incentivos fiscales y legales. Incluso, se ideó un plan para emitir bonos respaldados por Bitcoins y por la minería de criptomonedas con energía geotérmica (Bonos Volcán) para financiar la construcción de la futura "Bitcoin City", una ciudad libre de impuestos (a excepción del IVA). No obstante, su colocación internacional ha enfrentado retrasos.

En cuanto a la política exterior, el país reforzó su relación con Estados Unidos, pero buscó diversificación con China, que financió obras de infraestructura como el nuevo estadio nacional. Sin embargo, con los organismos multilaterales, la relación ha sido más tensa, especialmente con el FMI debido al manejo de la deuda y la Ley Bitcoin.

En resumen, Bukele ha intentado reconducir la economía con una mezcla de: mano dura en seguridad (para eliminar la principal barrera a la inversión), inversión pública masiva (para impulsar el crecimiento y el turismo), y una audaz estrategia tecnológica (para atraer capital y posicionar al país en la economía digital).

3.- EJECUCIÓN DE LA POLÍTICA ECONÓMICA Y RESULTADO

La ejecución de la política económica de Nayib Bukele ha sido un tema de intenso debate, y caracterizada por un fuerte contraste entre los logros en la seguridad ciudadana y la persistente preocupación por los indicadores económicos. En esencia, la ejecución ha sido rápida, centralizada y prioriza los proyectos de alto impacto público y tecnológico, pero enfrenta críticas significativas en cuanto a su sostenibilidad, transparencia y el impacto real en la mejora de la economía de la mayoría de los salvadoreños.

Dado que la política económica se apoya fundamentalmente en la política fiscal para estimular la demanda agregada de la economía, el gasto público ha sido su instrumento principal. Los datos muestran que el gasto público como porcentaje del PIB en El Salvador estuvo estancado en alrededor del 16% durante la década previa a la llegada de Bukele. Al año siguiente, éste se incrementó al 20% y se ha mantenido en el 19% hasta 2024. Gran parte del gasto público se ha dedicado a gastos en seguridad y orden público y a la inversión pública.

El incremento del gasto público en seguridad y orden público ha conseguido un gran logro, que es la capitalización de la seguridad. Por lo tanto, el principal éxito de la ejecución económica no ha sido intrínsecamente económico, sino la explotación de la paz lograda con el PCT. Si bien El Salvador venía experimentando reducciones en las tasas de homicidios desde el año 2015, en el cual alcanzó su máximo en el siglo 21 (108 por cada 100.000 habitantes), en el año 2019, como ya se dijo anteriormente, seguía siendo alta, ya que ocupaba el segundo lugar en Latinoamérica. Las políticas de seguridad del gobierno han revertido drásticamente los índices de homicidios. La eliminación de las pandillas como factor de riesgo ha transformado la imagen internacional del país, impulsando el turismo y el consumo interno al liberar a los ciudadanos de las extorsiones. La percepción de seguridad ha mejorado notablemente la confianza empresarial (nacional e internacional). La gente y los negocios han podido recuperar espacios públicos, revitalizando la vida comunitaria y económica en diversas regiones. Por lo tanto, a la luz de estos resultados, tales políticas han sido exitosas en alcanzar el objetivo. No obstante, han sido objeto de cuestionamiento basándose en la posible violación de derechos humanos.

En resumen, se podría argumentar que las políticas de gasto público implementadas, no solo han logrado el efecto de corto plazo de incrementar la demanda agregada de la economía, sino también está afectando la oferta agregada, debido a la mejora del clima de inversión y las infraestructuras. No obstante, hay que tener en cuenta que la oferta agregada reacciona más lenta a tales estímulos.

Para medir el resultado de las políticas implementadas, se observa que los datos del Banco Mundial muestran que la inversión total de la economía muestra un crecimiento, al pasar de una media de 17% como porcentaje del PIB en el periodo 2015-2019, a 21% en el periodo 2020-2024. El consumo, sin embargo, muestra un comportamiento fluctuante, debido, precisamente, a su dependencia de las remesas, las cuales se incrementaron al 24% del PIB en el año 2024.

Los datos del PIB muestran que, si bien la economía ha crecido más, en media, durante el periodo de mandato de Bukele (2019-2024) que, durante el periodo presidencial anterior, la diferencia ha sido ligera. Similar comportamiento refleja el PIB per cápita. No obstante, ha de tenerse en cuenta que el inició del gobierno de Bukele tuvo que enfrentar la epidemia del COVID-19.

En donde sí se muestra un resultado más halagador es en la evolución del turismo como consecuencia del incremento de la seguridad del país y de la mejora de las infraestructuras. Según los informes estadísticos oficiales del Ministerio de Turismo de El Salvador (MITUR), en el año 2018, alrededor de 2,5 millones de personas visitaron al país, generando unos ingresos de aproximadamente 1,5 billones de dólares, mientras que, en el año 2024, El Salvador recibió cerca de 4 millones de visitantes, generando unos ingresos de 3,8 billones de dólares.

En cuanto al mercado laboral, la tasa de informalidad, aunque ha bajado, sigue siendo alta, ubicándose en 66,5% en el año 2023. Relacionado con esto, el indicador de pobreza del Banco Mundial, muestra que el porcentaje de la población que vive con 3 dólares al día ha aumentado del 3% en el 2019 al 5% en el 2023, mientras que la EHPM sitúa al porcentaje de hogares pobres en el 27,2% en el mismo año. Además, el índice de Gini muestra un ligero ascenso respecto al año 2019, al ubicarse en 39.8 en el año 2023. Se deduce, por lo tanto, que se ha retrocedido en desigualdad y pobreza.

A diferencia de los resultados de las políticas destinadas a incrementar la seguridad del país, las cuales han tenido un efecto positivo en la sociedad salvadoreña, los resultados económicos de la política económica, no han logrado satisfacer las expectativas de la población. Si bien la gestión de Bukele es aprobada con una alta nota (gracias a la seguridad), la economía es percibida como el principal problema del país por la gran mayoría de los salvadoreños.

Encuestas como la del Latinobarómetro muestran que en el año 2018, alrededor del 60% de los encuestados declaró que el problema más importante del país era la delincuencia y la seguridad y la violencia de las pandillas, mientras que la economía era el problema más importante del país para el 11% de los encuestados. En el año 2024, la situación es completamente distinta, con un 40% de los encuestados que manifiestan que la economía es el principal problema del país, mientras que la delincuencia y la seguridad y la violencia de las pandillas es el principal problema para el 5% de los encuestados.

Aunado a lo anterior, El Salvador presenta un gran desafío en relación a la sostenibilidad de las cuentas públicas, ya que como consecuencia de una política fiscal expansiva en ausencia de una reforma tributaria que permita aumentar suficientemente la recaudación, el gobierno ha recurrido a una alta emisión de deuda para financiar proyectos de infraestructura, incurriendo en déficits fiscales, por lo que la deuda pública ha alcanzado cerca del 88% del PIB en 2024, 10 puntos por encima del dato del año 2019. Así pues, la sostenibilidad de la deuda pública es uno de los grandes escollos del gobierno de Bukele y de gran preocupación del FMI, el cual ya ha alertado de esta situación. No obstante, exitosas recompras de deuda del gobierno ha dado una bomba de oxígeno al país al producirse una mejora en la percepción de riesgo de impago y en los indicadores de riesgo país (como el EMBI), lo que ha aliviado y facilitado la gestión financiera del gobierno.

En cuanto a la adopción del Bitcoin como moneda de curso legal, los resultados han sido mixtos. Por un lado, generó una inmensa atención mediática internacional debido a la creación de un marco legal para activos digitales con la finalidad de atraer inversores "blockchain" y capital tecnológico. Por otro lado, su adopción a nivel ciudadano ha sido baja. Algunas encuestas indican que más del 90% de los salvadoreños aún prefiere el dólar para transacciones cotidianas, mientras que para las remesas su uso apenas alcanza el 1% del total. Adicionalmente, si bien la adopción del Bitcoin tuvo éxito en generar una imagen de marca para el país, ha introducido un riesgo de volatilidad financiera, obstaculizando el logro de uno de sus objetivos principales, que es la captación de inversión extranjera, la cual sigue siendo muy baja y volátil, alcanzando el 2,6 del PIB en el año 2024, similar al dato registrado en el año 2019.

El FMI ha alertado consistentemente sobre los riesgos para la estabilidad financiera debido a la volatilidad del Bitcoin y ha urgido a El Salvador a suprimir su curso legal, lo cual se ha materializado a principios de 2025 cuando la Asamblea Legislativa de El Salvador aprobó una reforma de la Ley Bitcoin que eliminó la obligatoriedad para los agentes económicos de aceptar Bitcoin como forma de pago, suprimió el papel estatal en su utilización y estableció que las transacciones con Bitcoin serán de aceptación voluntaria entre personas y empresas privadas. Así pues, tal reforma fue impulsada por las presiones del FMI, que la puso como condición para aprobar un crédito al país.

En conclusión, la política económica de Bukele se ha ejecutado con firmeza política y grandes proyectos de seguridad ciudadana e infraestructuras, aprovechando su control total de la Asamblea. Sin embargo, el principal resultado tangible para el ciudadano promedio es la paz y seguridad, mientras que los desafíos estructurales de la economía (renta, desigualdad, pobreza, deuda) persisten, generando un descontento social que la popularidad del presidente no ha logrado disipar.

Cuadro Macroeconómico de El Salvador

	2019	2020	2021	2022	2023o	2024P
PIB (miles de millones dólares)	26,88	24,92	29,04	31,87	33,85	35,37
Crecimiento PIB real (porcentaje)	2,43	-7,89	11,91	2,80	3,51	2,60
PIB per cápita (PPA en dólares)	9.756,78	9.392,65	10.809,68	11.873,35	12.688,98	13.282,95
Tasa de inflación	0,00	-0,10	6,10	7,30	1,20	0,30
Tasa de desempleo	6,49	7,05	6,32	5,05	5,22	4,70
Saldo presupuesto público (porcentaje PIB)	-3,74	-5,85	-5,83	-2,86	-4,96	-4,65
Deuda pública (porcentaje PIB)	77,91	95,37	87,96	83,35	84,68	87,58
Exportaciones (miles de mil. dólares)	7,53	8,05	6,11	8,36	10,34	10,63
Importaciones (miles de mil. dólares)	12,39	10,45	15,41	17,93	17,03	18,35
Reservas internacionales (miles mil. dólares)	4,45	3,08	3,43	3,85	3,70	3,95
Deuda externa total (miles mil. dólares)	17,38	18,49	20,34	21,31	22,74	24,30

Fuente: Fondo Monetario Internacional. P: previsión.

Política económica en Estados Unidos

FERRAN MONCHO GONZÁLBEZ
Departamento de Economía Aplicada-Política Económica
Universidad de Valencia
ANTONIO SÁNCHEZ ANDRÉS
Departamento de Economía Aplicada-Política Económica
Universidad de Valencia

1. PROBLEMAS EN LA ECONOMÍA ESTADOUNIDENSE

La política económica estadounidense ha atravesado diversas tesituras entre 2021 y 2025. El periodo se ha caracterizado por cambios más o menos abruptos, a través de las administraciones de Joe Biden y Donald Trump. Primordialmente, ambas han estado condicionadas por los coletazos de la crisis del Covid-19 y el posterior periodo inflacionario; todo ello en un contexto internacional marcado por el tumulto de la guerra.

El entorno inicial resulta de diversos problemas que arrastraba la economía. En primer lugar, el declive del sector manufacturero estadounidense se ha venido produciendo desde finales del siglo XX vinculado a los procesos de globalización, deslocalización y, posteriormente, de desindustrialización[1]. Esto mismo ha supuesto la pérdida de competitividad de Estados Unidos y, a su vez, el deterioro del dólar como moneda hegemónica frente a otras monedas de potencias emergentes, aunque manteniéndose apreciada. Esto último ha contribuido, entre otras razones, al déficit comercial en la sub-balanza de bienes; representando un problema con gran relevancia para la administración Trump por encima del superávit en la sub-balanza de servicios.

En segundo lugar, persiste la aceleración del cambio tecnológico, con la consiguiente necesidad de adaptación del sistema productivo que comporta. Al

---

1 Heras-Recuero, L., L'Hotellerie-Fallois, P., & Párraga Rodríguez, S. (2019). *La economía de Estados Unidos, diez años después de la crisis.* Boletín Económico de ICE (Información Comercial Española), (3110), 7-25. pág. 23; Palazuelos Manso, E. (2010). Estados Unidos, 1981–2008. Un modelo de crecimiento agotado. En M. E. Correa Vázquez & A. Palazuelos Manso (Coords.), *Opacidad y hegemonía en la crisis global* (pp. 93–120). Los Libros de la Catarata. págs. 6-7.

reto tecnológico se suma la crisis climática, puesto que acentúa esta necesidad de adaptación a través de la tecnología con rumbo hacia la transición energética.

En tercer lugar, de forma transversal se observa un aumento de la desigualdad, con un aumento paulatino de la desigualdad del ingreso medida con el índice de Gini[2]. A esta desigualdad también se añade la polarización política y laboral-salarial entre sectores de la economía, cuya expansión se ha acentuado con la crisis inflacionaria[3]. Otro factor que puede influir en esta desigualdad, lo representa el repunte en la tasa de desempleo de la economía para 2024.

Adicionalmente, la variabilidad de los flujos migratorios y el envejecimiento de la población se proyectan como retos para la política económica en Estados Unidos, por sus posibles efectos sobre el sistema de seguridad social y sobre la ampliación de la mano de obra[4]. En cuanto a los márgenes de la política fiscal, el periodo 2021-2025 se ha caracterizado por una caída del déficit post-covid y un ligero y progresivo aumento hasta 2024, con una tendencia paralela en la deuda pública en porcentaje del PIB, que ha repuntado en 2023, a pesar de su reducción desde 2020. Este hecho será crucial, sobre todo, por los efectos que tendrán las medidas de la nueva administración Trump sobre las cuentas públicas.

Los cambios que se han sucedido atañen tanto a la estructura institucional de Estados Unidos así como al trasfondo ideológico que ha inspirado las distintas medidas aplicadas desde las dos administraciones. Ello está resultando en la creciente incertidumbre que presentan estos cambios en términos de resultados, considerando también cierta ralentización del crecimiento real de PIB para el 2024.

---

2 Banco Mundial (2025). *Índice de Gini de Estados Unidos.*

3 Pew Research Center. (2023). *Americans' feelings about politics, polarization and the tone of political discourse.* Pew Research Center; Economic Policy Institute. (2024). *Strong wage growth for low-wage workers bucks the historic trend*; Economic Policy Institute. (2024). *Wage inequality fell in 2023 amid a strong labor market, bucking long-term trends—but top 1% wages have skyrocketed 182% since 1979 while bottom 90% wages have seen just 44% growth.*

4 Banco Mundial. (2023). *World Development Indicators: Population ages 65 and above (% of total population).* The World Bank. https://data.worldbank.org/indicator/SP.POP.65UP.TO.ZS; Banco Mundial. (2023). *World Development Indicators: Age dependency ratio, old (% of working-age population).* The World Bank. https://data.worldbank.org/indicator/SP.POP.DPND.OL; Banco Mundial. (2023). *World Development Indicators: International migrant stock (% of population)* The World Bank. https://data.worldbank.org/indicator/SM.POP.TOTL.ZS; Banco Mundial. (2023). *World Development Report 2023: Migrants, Refugees, and Societies.* Washington, DC: World Bank. https://www.worldbank.org/en/publication/wdr2023

2. DISEÑO DE LA POLÍTICA ECONÓMICA

2.1 Política económica con la administración de Joe Biden

Las políticas económicas principales aprobadas durante la presidencia de Biden (2021-2025) han resaltado por su carácter fiscal expansivo para paliar los efectos concatenados de las crisis del Covid-19 y la de inflación subsiguiente. Entre ellas destacan la *American Rescue Plan Act* (2021), la *Infrastructure Investment and Jobs Act* (2021), la *Inflation Reduction Act* (2022), la *Chips and Science Act* (2022) y la *Fiscal Responsibility Act* (2023).

En cuanto a la *American Rescue Plan Act* (2021) las dotaciones presupuestarias alcanzaron un valor de 1,9 billones de dólares. Las ayudas directas, subvenciones y los créditos fiscales fueron los principales instrumentos de esta política económica para mitigar los efectos del Covid-19. Se priorizó la recuperación fiscal de los estados y gobiernos locales, proveyendo fondos para la educación, reforzando la gestión de emergencias, el transporte público y el apoyo a pequeñas empresas. Adicionalmente, se destinaron también cantidades nada desdeñables a ayudas de emergencia para alquiler y vivienda, así como a programas de salud pública, incluyendo vacunación y refuerzo del personal sanitario[5]. En paralelo, con un énfasis más industrial y centrándose en la resiliencia de las infraestructuras se aprobó la *Infrastructure Investment and Jobs Act* (2021)[6]. Nuevamente, se destinaron gran cantidad de fondos, en este caso, para el desarrollo de infraestructura, transporte limpio, red eléctrica, energía, agua, desarrollo empresarial de minorías, salarios justos en proyectos federales, conectividad de banda ancha, ciberseguridad y gestión de recursos naturales. Pero esta vez los instrumentos incluyeron una combinación de subvenciones, programas de préstamos, requisitos regulatorios, estudios e informes evaluadores y la creación de órganos de coordinación.

Otros apoyos de estos programas fueron las órdenes ejecutivas "Ensuring the Future Is Made in All of America by All of America's Workers" y "Promoting Competition in the American Economy", con el fin de reforzar el atractivo los productos estadounidenses, el empleo y también regular la competencia. De acuerdo con la primera de ellas, el gobierno federal debía priorizar productos y servicios fabricados en EE.UU. en sus compras y ayu-

---

5 U. S. Congress (2021). *American Rescue Plan Act of 2021, H.R. 1319, 117th Cong.* (2021). https://www.congress.gov/117/bills/hr1319/BILLS-117hr1319enr.pdf

6 U. S. Congress (2021). *Public Law 117-58, 135 Stat.431.* https://www.congress.gov/bill/117th-congress/house-bill/3684/text

das, utilizando aranceles y barreras no arancelarias de forma selectiva. Se trataba de crear mecanismos de transparencia (sitio web para exenciones), centralizar la aprobación de exenciones fiscales, revisar reglas de alcance nacional y controlar umbrales y preferencias de precios. Además, se exigió evaluar y revocar determinadas exenciones fiscales, empezando una oleada de regulaciones posteriores en transporte y defensa que aumentaron progresivamente el porcentaje mínimo de componentes producidos en el país. Respecto a la orden que ataja la competencia, encontramos medidas institucionales, regulatorias y fiscales para combatir monopolios y apoyar a consumidores, agricultores, pequeñas empresas y trabajadores.

De otro lado, la *Inflation Reduction Act* (2022)[7] aprobada por la administración Biden también ha sido fundamental. El conjunto de medidas trataba de responder al *shock* inflacionario, y sus consecuencias, que se produjo por el aumento de la demanda post-covid y el encarecimiento de productos, materias primas y recursos energéticos derivado del conflicto armado en Europa. Por ello, los instrumentos siguen una tónica semejante a la del *American Rescue Plan*, es decir, siguen presentes las subvenciones directas, créditos fiscales, reducciones y aumentos impositivos e inversiones públicas masivas, aunque con un fuerte componente de políticas medioambientales. Más en concreto, se desplegaron medidas para reducir los precios de los medicamentos, impulsar la eficiencia y transición energética así como la mejora de las infraestructuras tecnológicas, energéticas y de transportes, para la mitigación del cambio climático. Además, en un plano más secundario, el paquete de medidas se veía atravesado por la atención prestada al desarrollo regional para la conservación de los recursos naturales y la agricultura sostenible.

Con un papel significativo concedido a la política industrial y de innovación, la *Chips and Science Act* (2022) se ha consolidado como el principal conjunto de medidas aprobado por la administración con amplio apoyo en el congreso[8]. Su fin principal ha sido conservar y atraer industria de alta tecnología, mediante subvenciones, préstamos, acuerdos de cooperación (como aquellos firmados con Samsung y TSMC sobre semiconductores), financiación de infraestructuras de investigación (biotecnología, bioingeniería y física nuclear), políticas institucionales, formación en competencias STEM, programas de

---

7 U. S. Congress (2022). *Public Law 117–169, 136 Stat. 1818.* https://www.congress.gov/bill/117th-congress/house-bill/5376/text

8 Economist Intelligence Unit. (2024). *US election: its impact on industrial policy.* https://www.eiu.com/n/us-election-its-impact-on-industrial-policy/

I+D (en aeronáutica, ciberseguridad y cambio climático) y planes estratégicos y de coordinación para evaluar las propias medidas tomadas[9].

Por último, a partir de 2023 el déficit volvía a mostrar una tendencia al alza por lo que se aprobó la *Fiscal Responsibility Act* (2023)[10]. Su propósito era la estabilización de las cuentas públicas con medidas con un tono más contractivo. En concreto, la norma iba a limitar el gasto federal mediante topes presupuestarios para 2024 y 2025, recortando en el Servicio de Impuestos Internos (agencia tributaria de EE. UU.) y aplicando temporalmente el sistema "Pay-As-You-Go" (compensación de los nuevos gastos o reducciones de impuestos con aumentos de ingresos o recortes en otras partidas) para no generar déficit adicional. Además, se reajustaban programas sociales contra la pobreza a través de la revisión de los criterios de exención y la creación de proyectos piloto de inserción laboral. La responsabilidad fiscal también hacía referencia a la extensión del límite de deuda pública hasta enero de 2025 y ponía fin a la moratoria de pagos de préstamos estudiantiles en julio de 2023.

2.2 Política económica con la nueva administración de Donald Trump

Con la llegada de Donald Trump a la Casa Blanca en enero de 2025, la agenda política ha estado sometida a modificaciones, dada su inclinación al liberalismo económico (*laissez-faire* o no intervención del estado en la economía) y al proteccionismo, inspirándose en la política económica de los dos mandatos de Ronald Reagan[11]. Principalmente, dos paquetes de medidas han resultado estratégicos en materia fiscal, industrial y comercial: por un lado, el *One Big Beautiful Bill Act* y, por el otro lado, los aranceles aprobados en el *Liberation Day*.

Su liberalismo económico se ha reflejado en recortes fiscales y en la reorganización presupuestaria, especialmente a través de la *One Big Beautiful Bill Act*, aprobada el 4 de julio de 2025. Tal ley se se ha justificado en alcanzar los objetivos establecidos tras su reelección en enero de 2025[12], aunque este tipo

---

9 U.S. Congress. (2022). *H.R. 4346: An Act making appropriations for the Legislative Branch for the fiscal year ending September 30, 2022, and for other purposes (CHIPS and Science Act of 2022).* https://www.congress.gov/117/bills/hr4346/BILLS-117hr4346enr.pdf

10 U.S. Congress. (2023). *H.R. 3746: Fiscal Responsibility Act of 2023.* https://www.congress.gov/bill/118th-congress/house-bill/3746/text

11 The Heritage Foundation (2023). *Mandate for Leadership 2025: The Conservative Promise.*

12 United States Congress (2025). *H.R. 1: One Big Beautiful Bill Act.* https://www.congress.gov/bill/119th-congress/house-bill/1; The Heritage Foundation (2023). *Mandate for Leadership 2025: The Conservative Promise.* pág. 884; Roncaglia, A. (2019).

de políticas ya estaban presentes en el mandato anterior de Trump, pero no de una forma tan transversal. Siguiendo lo dispuesto en la norma, los sectores sobre los que han recaído los recortes son medio ambiente, energía, créditos fiscales verdes, préstamos estudiantiles y ciertos programas de *Medicaid*[13]. Así se ha dado marcha atrás al grueso de medidas medioambientales y sociales contempladas en la *Inflation Reduction Act* y *la Chips and Science Act*. Los instrumentos para articular estas políticas han sido esencialmente la recuperación de fondos no utilizados, la derogación de leyes, la finalización anticipada de incentivos y la imposición de nuevas restricciones o límites. Por añadidura, el conjunto de medidas inclina el gasto a reforzar la seguridad fronteriza, a la gestión restrictiva de la inmigración, a reforzar programas agrícolas y de investigación, así como a infraestructuras, energía y mejora de la calidad de vida militar, pero ante todo priorizando la industria de defensa.

Para entender este cambio de orientación, cabe considerar que el *One Big Beautiful Bill Act* puede encontrar su fundamento en la noción de austeridad expansiva, según la cual el Estado deviene un parásito de los recursos, considerando que el endeudamiento y el déficit son problemáticos por sí mismos. Este supuesto parece ser el que subyace en esta ley, cuyo preludio era el documento *Mandate for Leadership 2025: The Conservative Promise*, que recogía las propuestas de política económica si Donald Trump ganaba las elecciones de 2025. Como consecuencia, asumiendo este supuesto inicial, el tamaño del Estado debe reducirse para no lastrar al sector privado, que a su vez debe compensar la disminución de la actividad económica[14]. Una vez que las empresas privadas cubran esta disminución de la actividad, se espera que se genere un aumento del crecimiento económico, de este modo se cumpliría lo predicho por la austeridad expansiva, cuyo fin primordial es la supresión del déficit y la deuda. Además, la norma incluye recortes impositivos, los cuales, aunque presentan similitudes con el Consenso de Washington, contrastan con el enfoque de política comercial de Trump. Sobre esto cabe apuntar que, a diferencia de lo que la administración republicana propone, el Consenso de Washington emitió recomendaciones globalistas y liberalizadoras del comercio internacional.

La era de la disgregación: Historia del pensamiento económico contemporáneo (J. Pascual, Trad.). Prensas de la Universidad de Zaragoza. ISBN 978-84-17873-47-9. pág. 287.

13 U.S. Government, 2025: 154-158, 251-253, 303.

14 The Heritage Foundation (2023). *Mandate for Leadership 2025: The Conservative Promise*. Págs. 7, 8, 665-667.

Por otro lado, en el documento *Mandate for leadership 2025* también se mencionaba el aumento de la protección arancelaria como instrumento plausible para mejorar la competitividad del dólar y la de la economía norteamericana, frente al avance de los BRICS y, más concretamente, frente a China. A este conjunto de ideas se han sumado varios hechos que han sostenido el dólar apreciado, generando desequilibrios en la balanza de pagos, a saber: la pérdida de peso de la industria estadounidense, la mayor demanda global de dólares como reserva y su acumulación en los balances de los bancos centrales extranjeros.

A pesar de la persistencia del déficit comercial en la sub-balanza de bienes, los aranceles del *Liberation Day* presentan un grado de generalidad que refleja la falta de evaluación *ex-ante* en su diseño y revelan objetivos distintos al de la complicada cobertura del déficit. Más bien, con los aranceles se busca por una parte depreciar el dólar para ganar competitividad y reducir el déficit comercial con la entrada de bienes, capitales y divisas, y, a la vez, se busca preservar el dólar como moneda de reserva[15]. En principio, ello abarataría la financiación a largo plazo en EE.UU. vía menores tipos de interés. Este cambio no puede realizarse exclusivamente a través del mercado, ya que numerosos países mantienen sus divisas artificialmente depreciadas frente al dólar; la estrategia de Trump parece buscar presionar a los bancos centrales extranjeros para que dejen que sus monedas se aprecien. Tal depreciación del dólar abarataría los productos estadounidenses en los mercados internacionales, estimulando las exportaciones, mientras que el encarecimiento de los bienes importados fomentaría el consumo interno. Al mismo tiempo, desde esta lógica, sería de esperar que los bancos centrales se vieran obligados a intervenir, disminuyendo sus reservas de activos en dólares, lo cual contribuiría a debilitar aún más su valor.

La estrategia comercial coexiste con el papel que se concede desde la administración Trump a la industria de defensa. Con ello, se piensa que promocionando esta industria se pueden generar los efectos arrastre necesarios para enfrentar los problemas de la economía norteamericana, ahora desde un enfoque de fortalecimiento de la seguridad y la soberanía nacionales.

3. EJECUCIÓN DE LA POLÍTICA ECONÓMICA Y RESULTADOS

Dada la reciente aplicación de estas profundas reformas, en el caso de la administración Biden, pero sobre todo para la reciente administración

---

15 Varoufakis Y. (2025). *Why Trump's tariffs are a masterplan*. UnHerd. https://unherd.com/2025/02/why-trumps-tariffs-are-a-masterplan/

Trump, es necesaria la precaución sobre los resultados de política económica. Estos todavía no se manifiestan de forma completa en la realidad y, a su vez, escapan a las evaluaciones económicas realizadas al respecto.

En general, las políticas fiscal e industrial seguidas por la administración Biden han resultado en la contención del desempleo y creación de empleo, la reducción del déficit público y la deuda post-pandemia (2021-2022)[16] y la recuperación del crecimiento económico en términos reales, ascendiendo hasta 2023. Esto ha sido posible a pesar de la desbocada inflación producida a partir de 2022. A este resultado ha contribuido la sintonía entre las medidas contenidas en la *Inflation Reduction Act* y la *Chips and Science Act.* El primer conjunto de intervenciones, según estudios recientes, ha tenido impactos económicos y ambientales sustanciales[17]: ha impulsado la inversión en energía limpia y la creación de empleos, reducido emisiones de carbono, mejorado la calidad del aire, y además ha generado efectos macroeconómicos positivos tanto dentro de EE. UU. como en economías externas como la Unión Europea. A esto se ha sumado el papel desempeñado por la Reserva Federal en tanto en cuanto habría contenido el *shock* inflacionario a través de la política monetaria contractiva. Tales resultados se han complementado con los conseguidos por el segundo paquete mencionado[18], pues ha funcionado como impulso a la producción doméstica de semiconductores en EE. UU., fomentando la innovación tecnológica, la investigación cien-

---

16 Council of Economic Advisers. (2025). *Economic Report of the President together with the Annual Report of the Council of Economic Advisers.* U.S. Government Publishing Office. https://www.gpo.gov/erp pág. 48; U.S. Department of the Treasury. (2023). *Two-year ARP anniversary report.* https://home.treasury.gov/system/files/136/Two-Year-ARP-Anniversary-Report.pdf.

17 Guri Bang (2024). *The U.S. Inflation Reduction Act: Climate policy as economic crisis response,* Environmental Politics, DOI: 10.1080/09644016.2024.2437886; Zhou, J., Wu, Y., & Li, J. (2024). *Effects of the inflation reduction act on PM2.5: empirical evidence from the U.S.* Applied Economics, 1–20. https://doi.org/10.1080/00036846.2024.2394699; Gründler, K., Krenz, A., & Potrafke, N. (2023). *The global impact of the U.S. Inflation Reduction Act: Evidence from an international expert survey* (EconPol Policy Report No. 41). EconPol Europe; Li, Y., & Li, Z. (2024). *Effects of the Inflation Reduction Act on PM2.5: Empirical evidence from the U.S.* Applied Economics. https://doi.org/10.1080/00036846.2024.2394699; European Commission, Joint Research Centre. (2023). *The macroeconomic impact of the energy and climate provisions of the U.S. Inflation Reduction Act: Evidence for the EU* (JRC Working Paper No. 08/2023). Publications Office of the European Union. https://publications.jrc.ec.europa.eu/repository/handle/JRC135642

18 Hufbauer, G. C., Hogan, M., & Chen, M. (2025). *Industrial Policy through the CHIPS and Science Act: A Preliminary Report* (PIIE Briefing 25-1). Peterson Institute for International Economics.

tífica y la competitividad industrial, al tiempo que ha buscado reducir la dependencia de cadenas de suministro extranjeras críticas y fortalecer la seguridad económica y tecnológica del país. No obstante, la ralentización del crecimiento del PIB en términos reales para 2024 y el aumento de la tasa de paro entre 2023 y 2024 muestran que estos impulsos presentan un impacto suficiente pero limitado, además de que en la literatura las evaluaciones de estas medidas siguen en curso. A este respecto resulta pendiente considerar los desequilibrios persistentes en la balanza de pagos y que el déficit y la deuda pública avanzan al alza a partir de 2024.

Pasando a las políticas emprendidas por la nueva administración republicana, en referencia a la *One Big Beautiful Bill Act,* sus efectos todavía quedan por darse y por analizarse. Aún así, existen estimaciones que le asocian un leve impulso inicial de la actividad económica, pero con el riesgo de menor nivel de PIB a largo plazo; sobre todo, si se acaba produciendo un mayor endeudamiento que desplace la inversión privada, dado que a raíz de la medida se prevén aumentos del déficit [19]. Si atendemos al mercado laboral, a pesar del repunte del desempleo, se ha producido un aumento de los salarios reales promedio por hora entre julio de 2024 y julio de 2025[20]. Por el lado de la desigualdad, al aumento progresivo del índice de Gini se suma que la medida reduciría los recursos de los hogares con ingresos más bajos, a pesar de haber aumentado los recursos económicos a partir del quinto decil en adelante[21].

Respecto a la política comercial, los aranceles han actuado como un *shock* político funcionando como sacudida a los mercados con la pretensión de ejercer presión política y forzar negociaciones y reajustes en las políticas de otras economías. En este sentido, no han resultado ser un instrumento recaudatorio, sino que han hecho reaccionar a la Unión Europea y los países asiáticos sobre

---

19 Tax Foundation (2025). *Economic and revenue effects of the One Big Beautiful Bill Act (House and Senate versions).* Washington, DC: Tax Foundation; Committee for a Responsible Federal Budget (CRFB). (2025). *Analysis of the One Big Beautiful Bill Act: Deficit and debt impact.* Washington, DC; Penn Wharton Budget Model (PWBM) (2025). *The fiscal and economic impact of the One Big Beautiful Bill Act.* Philadelphia, PA: University of Pennsylvania.

20 U.S. Bureau of Labor Statistics (2025). *Table A-1. Current and real (constant 1982–1984 dollars) earnings for all employees on private nonfarm payrolls, seasonally adjusted.* U.S. Department of Labor. https://www.bls.gov/news.release/realer.t01.htm

21 Banco Mundial (2025). *Índice de Gini–Estados Unidos.* https://datos.bancomundial.org/indicador/SI.POV.GINI?locations=US. Congressional Budget Office (2025). *Distributional Effects of Public Law 119-21.* Congressional Budget Office. www.cbo.gov/publication/61367

los que Estados Unidos podría exigir la liquidación de activos denominados en dólares[22]. Esta lógica también se ha reflejado en la presión a los socios de la OTAN para elevar su gasto en defensa al 5% del PIB, lo que ha incrementado la demanda de armamento a la superpotencia. Así pues, estudios recientes[23] estiman que los nuevos aranceles tendrían un impacto negativo en el PIB real del país, generarían un aumento en los precios al consumidor y reducirían la renta disponible de los hogares, con efectos acumulativos a medio y largo plazo, tanto en el crecimiento económico como en la inflación.

Desde esta argumentación los aranceles guardan, en realidad, un trasfondo de política industrial en la medida en la que se han traducido en negociaciones de acuerdos comerciales con países como Reino Unido, Vietnam, China, India, Japón, Corea del Sur y la Unión Europea. Como consecuencia, se han renegociado las tasas iniciales propuestas por Trump en sectores clave como automóviles, acero, aluminio, productos agrícolas y tecnología[24]. Simultáneamente, la nueva administración estadounidense parece pretender que la industria de defensa impulse y arrastre el crecimiento económico, generando las principales ganancias para afrontar los problemas que atraviesa la economía. Una prueba de ello resulta la venta de armamento a países como Ucrania, Polonia, Dinamarca, Arabia Sudí, Bahréin y Nigeria, abarcando sistemas de misiles, aviones y municiones, financiados en parte por aliados de la OTAN [25]. Cabrá esperar si estas medidas industriales de defensa, junto a las comerciales y fiscales, acaban consolidando en una planificación de la política económica más integral.

---

22 Varoufakis Y. (2025). *Why Trump's tariffs are a masterplan.* UnHerd. https://unherd.com/2025/02/why-trumps-tariffs-are-a-masterplan/

23 Meltzer, J. (2025), *Trump's 25 % tariffs on Canada and Mexico will be a blow to all 3 countries.* Brookings Institution; Budget Lab. (2025a). *The Fiscal, Economic and Distributional Effects of Illustrative 'Reciprocal' Tariffs*, New Haven: Yale University; OECD. (2025). *Interim Economic Outlook*, Paris.

24 Council on Foreign Relations (2025). *What Trump trade policy has achieved since 'Liberation Day'.* https://www.cfr.org/article/what-trump-trade-policy-has-achieved-liberation-day

25 Defense Security Cooperation Agency (2025). *Major Arms Sales.* Defense Security Cooperation Agency. https://www.dsca.mil/press-media/major-arms-sales

Cuadro Macroeconómico de Estados Unidos. 2020-2024

INIDICADORES	2021	2022	2023	2024
Crecimiento real del PIB (%)	6,1	2,5	2,9	2,8
Inflación (%)	4,7	8	4,1	2,9
Tasa de desempleo	5,4	3,6	3,6	4
Saldo presupuestario público consolidado (% del PIB)	-12,4	-5,5	-6,2	-6,4
Exportaciones (miles de millones de dólares)	2 528,5	3 009,7	3 053,5	3 191,6
Importaciones (miles de millones de dólares)	3 415,5	3 976,3	3 826,9	4 110,0
Saldo balanza por cuenta corriente (bienes) en % del PIB	-3,7	-3,9	-3,3	-3,9
Reservas internacionales (miles de millones de dólares)	716,15	706,64	773,43	910,04

Fuente: elaboración propia a partir de datos del Banco Mundial (2025), Bureau of Economic Analysis (2025), Congressional Budget Office (2024), Fondo Monetario Internacional (2025).

Política económica Perú

CARLOS ALBERTO ABREO VILLAMIZAR
Análisis Económico y Economía Política
Universidad de Sevilla
LUZ DARY RAMÍREZ FRANCO
Departamento de Economía Aplicada-Política Económica
Universidad de Valencia
OSCAR RICARDO PICÓN ACEVEDO
Administración de Negocios Internacionales
Universidad de Santander

1. LOS PROBLEMAS EN LA ECONOMÍA DE PERÚ

Entre 2019 y 2024, la economía peruana estuvo marcada por la convergencia de dos crisis de naturaleza distinta: una de carácter político-institucional y otra de índole económica, derivada de shocks tanto externos como internos. La interacción de ambas configuró un entorno de alta incertidumbre que debilitó la capacidad del Estado para sostener el crecimiento potencial que había caracterizado al país durante las dos primeras décadas del siglo XXI.

Durante este periodo, el Perú experimentó una inestabilidad política sin precedentes, reflejada en una sucesión inusual de presidentes y en una elevada rotación ministerial. La volatilidad en la conducción de carteras estratégicas —en particular el Ministerio de Economía y Finanzas (MEF)— afectó la continuidad de las políticas públicas, debilitando la confianza empresarial y la ejecución de proyectos de inversión (ComexPerú, 2024). El deterioro de la gobernanza se evidenció en la fragmentación partidaria, los altos niveles de corrupción y los continuos enfrentamientos entre el poder ejecutivo y el legislativo. Episodios críticos, como la vacancia del presidente Martín Vizcarra en 2020, el fallido intento de autogolpe de Pedro Castillo en 2022 y la posterior sucesión constitucional de Dina Boluarte, desembocaron en protestas sociales de gran magnitud, especialmente en el sur del país (BBC News Mundo, 2023). Los reiterados intentos de destitución de Boluarte por parte del parlamento, en medio de acusaciones de incapacidad moral, prolongaron la parálisis institucional y redujeron la política económica a una gestión reactiva frente a crisis sucesivas. Esta incertidumbre minó uno de los pilares históricos del modelo peruano: la inversión privada, que tradicionalmente ha superado a la inversión pública en su participación sobre el Producto Bruto Interno (PBI) (ComexPerú, 2024).

En el plano económico, el país enfrentó sucesivos shocks recesivos. El primero fue la pandemia de COVID-19, que provocó en 2020 una contracción histórica del PBI de 11,1 %, una de las mayores del mundo (Instituto Nacional de Estadística e Informática [INEI], 2021). Aunque la economía mostró una recuperación parcial entre 2021 y 2022, el crecimiento se interrumpió en 2023, cuando el PBI se redujo en 0,55 % (Banco Central de Reserva del Perú [BCRP], 2024). Esta recesión técnica respondió, por un lado, al impacto del fenómeno climático El Niño, que afectó sectores primarios como la pesca y la agricultura; y, por otro, a la contracción de la demanda interna causada por la inflación global, la política monetaria restrictiva del Banco Central y la retracción de la inversión privada (Scotiabank, 2024). Como consecuencia, parte del progreso social alcanzado en las dos décadas anteriores se revirtió: la pobreza monetaria aumentó del 20,2 % en 2019 al 29 % en 2023, situando a casi un tercio de la población en situación de pobreza (INEI, 2024; Pontificia Universidad Católica del Perú [PUCP], 2024).

La fragilidad institucional también propició la expansión de economías ilícitas, particularmente la minería ilegal, que se consolidó como una de las principales fuentes de ingresos informales. Diversos informes estiman que el oro extraído de manera ilegal representa una proporción significativa del total exportado, con graves impactos ambientales y fiscales (PUCP, 2024). Este fenómeno alimenta redes de violencia, corrupción y evasión tributaria que afectan de forma desproporcionada a las pequeñas empresas y a la población más vulnerable. En este contexto, la incapacidad de la clase política para alcanzar consensos mínimos y garantizar la continuidad en la gestión pública constituye un obstáculo central para recuperar el crecimiento potencial de largo plazo, estimado en torno al 4 % anual (Ministerio de Economía y Finanzas [MEF], 2024).

Desde una perspectiva estructural, la economía peruana mantiene un patrón productivo poco diversificado y fuertemente dependiente del sector minero-exportador. El cobre, principal producto de exportación, mostró resiliencia, pero la dependencia de los ingresos fiscales derivados de los commodities expone al país a la volatilidad internacional (BCRP, 2024). El avance hacia una estructura productiva más compleja ha sido limitado: la manufactura no primaria y los servicios intensivos en conocimiento no lograron absorber el crecimiento de la población económicamente activa ni generar empleos de calidad (ComexPerú, 2024). La productividad total de los factores permanece estancada y la informalidad laboral —que alcanzó el 71,1 % en 2023— restringe la base tributaria y la capacidad redistributiva del Estado (INEI, 2024). La insuficiente inversión en capital humano, infraestructura digital y logística, junto con la débil articulación de las políticas de innovación y competitividad, limitan la transición hacia un modelo de desarrollo sostenible. En conjunto, la prolongada inestabilidad política y la falta de reformas estructurales han impedido elevar el crecimiento potencial y reducir de manera sostenida la pobreza y la desigualdad (MEF, 2024).

En síntesis, los problemas más acuciantes de la economía peruana combinan fragilidad institucional, elevada informalidad, dependencia extractiva, escasa diversificación productiva y deterioro social. La persistente crisis de gobernabilidad ha erosionado la confianza de los agentes económicos y paralizado la inversión privada, mientras que la falta de consensos políticos ha bloqueado las reformas necesarias para fortalecer la productividad, consolidar la inclusión social y avanzar hacia un crecimiento más estable y equitativo. Sin un pacto político e institucional que permita recuperar la previsibilidad y la eficiencia del Estado, el país corre el riesgo de consolidar un modelo de desarrollo vulnerable y socialmente fragmentado.

2. EL DISEÑO DE LA POLÍTICA ECONÓMICA

El marco de la política económica peruana entre 2019 y 2024 se configuró en medio de una tensión persistente entre la ortodoxia macroeconómica y presiones sociopolíticas derivadas de una prolongada inestabilidad institucional. Entendido como arquitectura de reglas, objetivos y principios que orientan la acción del Estado, este marco preservó la coherencia técnica, aunque su materialización práctica encontró severos límites operativos.

La política monetaria se rige por un esquema de metas de inflación (MEI) vigente desde 2002, con objetivo de 2 % ± 1 p.p. y autonomía del BCRP para usar la tasa de interés de referencia (TIR) como instrumento central. El enfoque es prospectivo: se ponderan inflación observada, proyecciones y brecha del producto. Tras el shock inflacionario global post-pandemia (alimentos y energía, cuellos de botella logísticos), la inflación superó transitoriamente el rango meta y se aproximó al 9 % en 2022. En respuesta, la TIR se elevó gradualmente desde 0,25 % (2020) hasta 7,75 % (2023), con el objetivo de moderar la demanda y anclar expectativas (BCRP, 2023a; 2024b).

En una economía con dolarización financiera y alta movilidad de capitales, los canales de transmisión más veloces son el tipo de cambio y las expectativas: mayores tasas aumentan el atractivo de activos en soles, favorecen la apreciación del tipo de cambio y atenúan la inflación importada. El canal del crédito presenta fricciones —una parte del financiamiento empresarial no ajusta uno-a-uno a la tasa interbancaria—, pero no impidió la convergencia de la inflación al rango objetivo en 2024 (≈ 2,1–2,3 %), lo que habilitó recortes prudentes de la TIR sin desanclar expectativas (BCRP, 2024b; BBVA Research, 2023).

El andamiaje fiscal descansa en la Ley de Responsabilidad y Transparencia Fiscal (LRTF), que fija un límite al déficit estructural (1 % del PIB) y un techo indicativo de deuda pública bruta (30 % del PIB), con el fin de salvaguardar la sostenibilidad y preservar espacio fiscal frente a choques severos (MEF, 2024). Durante la pandemia se activaron medidas de apoyo equivalentes a más del 10 % del PIB; superada la fase aguda, el MEF retomó la trayectoria de convergencia. La recesión técnica de 2023 y la caída de la recaudación elevaron el déficit a 2,8 % del PIB, tensionando las sendas de ajuste (MEF, 2024).

El marco tributario priorizó estabilidad normativa para preservar la competitividad, pero la presión tributaria baja (≈ 15 % del PIB) y la informalidad elevada (71,1 % de la PEA en 2023) restringen la capacidad de sostener una agenda social amplia sin aumentar deuda (INEI, 2024; MEF, 2024). Además, persisten cuellos de botella en inversión pública: a pesar de incentivos y priorización del gasto de capital, la subejecución en niveles regionales y locales implicó más de 20 000 millones de soles no ejecutados en 2024, mermando el potencial multiplicador (ComexPerú, 2024).

El arreglo macroeconómico mantuvo consistencia: política monetaria orientada a estabilidad de precios y marco fiscal de disciplina intertemporal. Sin embargo, la asincronía entre un sesgo monetario contractivo (para contener la inflación) y una impulsión fiscal que no se materializó plenamente por restricciones de ejecución redujo la capacidad contracíclica del conjunto (Scotiabank, 2024). En síntesis, se observa consistencia normativa alta con capacidad operativa limitada —una brecha que compete a la ejecución, objeto del apartado siguiente—.

El marco vigente intentó responder a los problemas críticos expuestos en el diagnóstico previo —fragilidad institucional, informalidad elevada, dependencia extractiva, baja diversificación y deterioro social— mediante: (i) estabilidad nominal y anclaje de expectativas para reducir la incertidumbre y abaratar el costo de capital (BCRP); (ii) reglas fiscales y anclas de deuda para sostener la solvencia y preservar capacidad de respuesta ante choques (MEF); y (iii) priorización del gasto de capital y preservación de la previsibilidad tributaria para catalizar inversión privada y cerrar brechas de infraestructura. La arquitectura es, por tanto, apropiada para contener volatilidad y crear condiciones para el crecimiento, pero su impacto sobre productividad, formalización e inclusión depende de la ejecución efectiva de la inversión pública, la mejora de la recaudación en un contexto de alta informalidad y la reducción de la incertidumbre institucional que frena la toma de decisiones de largo plazo.

3. EJECUCIÓN DE LA POLÍTICA ECONÓMICA Y RESULTADOS

La política económica peruana ejecutada entre 2019 y 2024 produjo resultados mixtos que reflejan la dualidad estructural del modelo económico del país: por un lado, una sólida gestión macroeconómica en el plano nominal; por otro, un desempeño social y productivo insuficiente frente a las expectativas de convergencia y desarrollo. Este contraste se acentuó en un entorno de inestabilidad política prolongada, que condicionó la efectividad de las políticas públicas y la coherencia entre el marco técnico y su aplicación operativa.

En materia monetaria, el Banco Central de Reserva del Perú (BCRP) mantuvo la estabilidad como eje rector de su actuación, consolidando su reputación de autoridad técnica independiente. En un contexto de presiones inflacionarias globales derivadas de los choques de oferta postpandemia —interrupciones logísticas, encarecimiento de los combustibles y de los alimentos—, el BCRP ejecutó una estrategia gradual de endurecimiento monetario. La tasa de interés de referencia (TIR) se elevó desde 0,25 % en 2020 hasta 7,75 % en 2023, con el objetivo de contener la inflación y anclar las expectativas (Banco Central de Reserva del Perú [BCRP], 2023a). Esta política se acompañó de una comunicación transparente y predecible, reforzando la credibilidad de la institución. Los resultados fueron notables: la inflación, que había alcanzado niveles cercanos al 9 % en 2022, retornó al rango meta (2 % ± 1 p.p.) a finales de 2024, situándose entre las menores tasas de América Latina (BCRP, 2024a; BBVA Research, 2025). La estabilidad del tipo de cambio, pese a la volatilidad inducida por la incertidumbre política, permitió limitar la inflación importada y preservar la competitividad externa (Scotiabank, 2024).

Esta recuperación de la estabilidad nominal se tradujo, a partir de 2024, en un ciclo prudente de reducciones de la TIR, orientado a estimular la inversión y el consumo sin comprometer la convergencia inflacionaria. En perspectiva comparada, la autoridad monetaria peruana logró una desinflación más rápida y menos costosa en términos de producto que economías con estructuras similares, confirmando la efectividad del marco de metas de inflación y la autonomía institucional del banco central (BBVA Research, 2025).

En el plano fiscal, la ejecución evidenció mayores desafíos. Si bien el Ministerio de Economía y Finanzas (MEF) sostuvo el compromiso con la Ley de Responsabilidad y Transparencia Fiscal (LRTF), que establece límites al déficit estructural (1 % del PIB) y a la deuda pública (30 % del PIB), la recesión técnica de 2023 redujo los ingresos tributarios y elevó el déficit hasta 2,8 % del PIB (Ministerio de Economía y Finanzas [MEF], 2024). Este desvío no respondió a un cambio deliberado de orientación fiscal, sino a la incapacidad administrativa para ejecutar de manera eficiente el gasto público. Los gobiernos regionales y locales ejecutaron menos del 70 % del presupuesto de inversión, generando una subejecución estimada en más de 20 000 millones de soles en proyectos no realizados durante 2024 (Sociedad de Comercio Exterior del Perú [ComexPerú], 2024). Tal desempeño revela una debilidad estructural en la gestión territorial del gasto y una desconexión entre la disponibilidad de recursos y la capacidad real de ejecución, lo que redujo significativamente el efecto multiplicador esperado de la inversión pública.

A pesar de estas limitaciones, el producto interno bruto (PIB) creció entre 3,0 % y 3,2 % en 2024, impulsado por la recuperación de los sectores primarios —particularmente pesca y agricultura— y la expansión del consumo privado (BCRP, 2024b). Este último se vio apoyado por la mejora del empleo formal urbano y por medidas extraordinarias, como los retiros parciales de fondos de pensiones, que aumentaron la liquidez de los hogares. Sin embargo, la inversión privada permaneció débil, afectada por la incertidumbre política y los costos financieros elevados durante el ciclo de endurecimiento monetario. En términos de estructura productiva, el crecimiento se concentró en actividades extractivas, mientras que los sectores de mayor intensidad tecnológica y capital humano mostraron bajo dinamismo (ComexPerú, 2024; Scotiabank, 2024).

Los resultados sociales reflejan la persistencia de tensiones distributivas no resueltas. La pobreza monetaria se mantuvo en torno al 29 % en 2024, lo que implicó un retroceso respecto a los niveles previos a la pandemia (Instituto Nacional de Estadística e Informática [INEI], 2024). Aunque la tasa de ocupación total aumentó, la mayor parte del nuevo empleo se concentró en sectores informales o de baja productividad, lo que impidió mejoras sustantivas en los ingresos reales y la movilidad social (Pontificia Universidad Católica del Perú [PUCP], 2024). La falta de ejecución efectiva de la inversión pública, combinada con la ausencia de reformas en educación, productividad y mercado laboral, limitó la capacidad redistributiva del Estado y amplió las brechas regionales.

En síntesis, la ejecución de la política económica peruana durante el quinquenio 2019-2024 confirma una correspondencia parcial con el marco institucional previamente formulado. En el ámbito monetario, la aplicación de la política fue altamente coherente con su concepción técnica, preservando la estabilidad de precios, la credibilidad del banco central y la confianza del mercado. En contraste, la política fiscal no logró materializar plenamente los objetivos del marco normativo, principalmente por ineficiencias institucionales, baja capacidad de gestión subnacional y rigideces en la estructura del gasto. Este desajuste entre estabilidad nominal y debilidad estructural explica que, aunque

Perú haya mantenido fundamentos macroeconómicos sólidos y una inflación controlada, no logró traducir dicha estabilidad en desarrollo inclusivo ni en mejoras significativas del bienestar. La experiencia evidencia que la ortodoxia macroeconómica, sin una institucionalidad eficaz que asegure la ejecución del gasto y la coordinación intergubernamental, resulta insuficiente para enfrentar los desafíos estructurales diagnosticados: fragilidad institucional, informalidad persistente, dependencia de los commodities y desigualdad social.

Cuadro Macroeconómico de Perú. 2019-2024

INDICADORES	2019	2020	2021	2022	2023	2024p
PIB (miles de millones dólares)	228.35	201.41	226.33	246.07	266.96	289.22
Crecimiento PIB real (porcentaje)	2.2	-11.1	13.4	2.8	-0.5	3.3
PIB per cápita (PPA en dólares)	13.563	12.563	15.280	16.669	17.011	17.802
Tasa de inflación	2.3	2.0	4.3	8.3	6.5	2.0
Tasa de desempleo	3.4	7.2	5.1	3.9	4.9	4.8
Saldo presupuesto público (porcentaje PIB)	-1.4	-8.2	-2.5	-1.4	-2.8	-3,5
Deuda pública (porcentaje PIB)	26.5	34.8	35.2	34.0	33.0	32.8
Exportaciones (miles de mil. dólares)	45.9	41.6	46.6	63.6	64.6	74.7
Importaciones (miles de mil. dólares)	37.7	31.6	43.0	57.9	48.4	54.9
Reservas internacionales (miles mil. dólares)	68.4	75.0	78.6	72.3	71.4	79.6
Deuda externa total (miles mil. dólares)	86.5	92.3	100.6	99.4	105.8	110.6

Fuente: Banco Mundial, Banco Central de Reserva del Perú, Instituto Nacional de Estadística e Informática de Perú y Ministerio de Economía y Finanzas de Perú.

PARTE II.
TEMAS ACTUALES DE POLÍTICA ECONÓMICA

La política Económica en los países en guerra

LUZ DARY RAMÍREZ FRANCO
Departamento de Economía Aplicada-Política Económica
Universidad de Valencia
ANTONIO SÁNCHEZ ANDRÉS
Departamento de Economía Aplicada-Política Económica
Universidad de Valencia

I. CONTEXTUALIZACIÓN HISTÓRICA Y TIPOLOGÍA DE LOS CONFLICTOS CONTEMPORÁNEOS

El panorama bélico contemporáneo combina conflictos con raíces históricas profundas y estallidos más recientes, cuyas dinámicas continúan vigentes y reconfiguran el orden internacional. En Europa oriental, la confrontación entre Rusia y Ucrania se remonta a 2014, cuando Rusia anexó Crimea y apoyó insurgencias en Donetsk y Luhansk; la invasión a gran escala del 24 de febrero de 2022 intensificó el enfrentamiento y lo mantiene activo hasta hoy (Council on Foreign Relations [CFR], 2025).

En el Medio Oriente, el conflicto israelí-palestino es uno de los más longevos del sistema internacional: la partición del Mandato Británico de Palestina (1947), las guerras árabe-israelíes de 1948–1949 y la guerra de los Seis Días (1967) marcaron hitos que siguen condicionando el statu quo; en octubre de 2023 se produjo una nueva escalada tras el ataque de Hamás y la respuesta militar de Israel en Gaza (CFR, 2025). La tensión entre Israel y Hezbollah —organización chiita libanesa— se ha traducido desde 2023 en hostilidades transfronterizas de "baja a media" intensidad, con episodios de escalada y riesgo regional, configurando un patrón de conflicto híbrido (Cook, 2024; CFR, 2025).

En África, el caso de Sudán ilustra la persistencia de ciclos de guerra interna: el choque entre las Fuerzas Armadas Sudanesas (SAF, Sudanese Armed Forces) y las Fuerzas de Apoyo Rápido (RSF, Rapid Support Forces) estalló el 15 de abril de 2023, con antecedentes directos en Darfur desde 2003 y en la evolución de las milicias Janjaweed (CFR, 2025).

La República Democrática del Congo (RDC) arrastra dos guerras mayores (1996–2003) y un conflicto crónico en Kivu. La rebelión del Movimiento 23 de Marzo (M23) resurgió en 2021–2022 con acusaciones de apoyo externo y disputas en torno a minerales estratégicos, de acuerdo con un informe conjunto de Ebuteli y Congo Research Group (CRG) (Ebuteli & CRG, 2024).

El Sahel central (Malí, Burkina Faso y Níger) ha experimentado una expansión sostenida de insurgencias yihadistas tras la crisis libia de 2011 y el alzamiento tuareg de 2012; las dinámicas de golpes de Estado y la debilidad institucional alimentan un escenario de violencia persistente (Thurston, 2024).

Aunque América Latina no registra hoy guerras interestatales activas, padece violencias crónicas y conflictos no convencionales con fuertes efectos económicos y sociales. En México, la militarización del combate al narcotráfico desde 2006 consolidó un conflicto no estatal de larga duración (CFR, 2025). En Centroamérica, la violencia asociada al crimen organizado y a pandillas transnacionales erosiona la gobernabilidad y el desarrollo; los datos comparados sobre homicidios y crimen organizado son consistentes con los hallazgos de la Oficina de las Naciones Unidas contra la Droga y el Delito (UNODC, por sus siglas en inglés) (UNODC, 2023). En Colombia, la persistencia del Ejército de Liberación Nacional (ELN) y de disidencias armadas tensiona la "paz total" y exige enfoques territoriales (International Crisis Group, 2025).

En el Caribe, Haití afronta colapso institucional, control territorial de pandillas y crisis humanitaria severa. El Consejo de Seguridad de las Naciones Unidas (UNSC, United Nations Security Council) autorizó en 2023 la Misión Multinacional de Apoyo a la Seguridad (MSS) encabezada por Kenia y, en 2025, decidió su transición a una Fuerza de Supresión de Pandillas (United Nations Security Council, 2023, 2025).

Por último, la disputa Guyana–Venezuela por el Esequibo hunde sus raíces en el Laudo Arbitral de 1899 y en el Acuerdo de Ginebra de 1966; la Corte Internacional de Justicia (ICJ, International Court of Justice) dictó medidas provisionales el 1 de diciembre de 2023 en el caso Guyana v. Venezuela (International Court of Justice, 2023; United Nations Treaty Series [UNTS], 1966).

Para el análisis comparado, distinguimos tres familias: (i) conflictos interestatales, centrados en disputas territoriales o estratégicas (p. ej., Rusia-Ucrania); (ii) conflictos intranacionales o guerras civiles, que enfrentan al Estado con insurgencias (p. ej., Sudán o Kivu en la RDC); y (iii) conflictos híbridos o regionalizados, donde actores externos sostienen a partes locales (p. ej., Sahel o la dinámica Israel-Hezbollah). Esta tipología, común en los estudios estratégicos, guía las respuestas de política pública y los requerimientos de estabilización y reconstrucción (International Institute for Strategic Studies [IISS], 2024; Thurston, 2024), ver tabla 1.

La cartografía de conflictos presentada remite, por un lado, a una dimensión económica —efectos sobre precios relativos, cadenas de suministro, comercio, inversión, riesgo soberano y empleo— y, por otro, a la política económica, entendida como el conjunto de decisiones fiscales, monetarias, cambiarias, comerciales, industriales y sociales mediante las cuales el Estado gestiona esos impactos. Las guerras y crisis de alta intensidad obligan a reconfigurar el equilibrio de políticas: la sostenibilidad del gasto público (defensa, emergencia humanitaria, reconstrucción) y sus fuentes de financiamiento (ingresos, deuda, cooperación externa); la política monetaria y cambiaria, que busca contener la inflación derivada de choques de oferta; la gestión de la deuda en contextos de sanciones o fragmentación financiera; y las estrategias comerciales e industriales para garantizar el abastecimiento y proteger sectores estratégicos, junto con redes de protección social que amortiguan los costos distributivos. Este ajuste ocurre en un contexto de fragmentación geoeconómica y gasto militar mundial en máximos históricos, lo que acentúa los dilemas entre estabilización de corto plazo y sostenibilidad de mediano plazo. Bajo este marco, el análisis que sigue examina cómo los países en guerra diseñan y secuencian sus instrumentos de política económica para preservar la capacidad estatal, contener los daños macroeconómicos y sostener la recuperación (International Monetary Fund [IMF], 2024; World Bank, 2024; Organisation for Economic Co-operation and Development [OECD], 2025; Stockholm International Peace Research Institute [SIPRI], 2025).

Tabla 1. Conflictos históricos pero actuales

Región / Conflicto	Tipo / naturaleza	Actores principales	Inicio histórico / hitos	Causas estructurales (síntesis)
Europa / Eurasia – Rusia ↔ Ucrania	Interestatal / híbrido	Rusia; Ucrania; apoyos occidentales (OTAN, UE)	2014 (anexión de Crimea; guerra del Donbás); 24/02/2022 invasión a gran escala	Ambición territorial y seguridad estratégica; rivalidad geopolítica; dimensión energética
Medio Oriente – Israel / Palestina (Gaza y Cisjordania)	Interestatal + intranacional (híbrido)	Israel; actores palestinos (Hamas; Autoridad Palestina)	1947–1949 (guerra árabe-israelí); 1967 (ocupación); fase actual desde 07/10/2023	Disputa territorial y autodeterminación; seguridad; dimensión identitaria-religiosa
Oriente Medio – Israel / Irán / Hezbollah (Líbano–Siria)	Regional / proxy (híbrido)	Israel; Irán; Hezbollah; actores en Líbano y Siria	1979 (Revolución iraní); 1982 (surgimiento de Hezbollah); guerra de 2006; escaladas 2023–2025	Rivalidad estratégica Irán–Israel; apoyo a apoderados; disuasión regional

África – Sudán (SAF vs RSF)	Guerra civil / intranacional	Fuerzas Armadas Sudanesas (SAF); Fuerzas de Apoyo Rápido (RSF)	Antecedentes Darfur (2003–); choque abierto 15/04/2023	Lucha intra-militar por el poder; colapso de transición; fragmentación institucional
África – RDC (este) / Kivu / M23	Intranacional con intervención externa	Gobierno RDC; M23; actores regionales (p. ej., Ruanda)	Guerras del Congo 1996–2003; M23 resurge 2012 y 2021–2022	Control de minerales estratégicos (coltán, cobalto); rivalidades étnicas; debilidad estatal
África – Sahel (Mali, Burkina Faso, Níger)	Insurgencias no estatales / regional	Estados nacionales vs JNIM, ISIS-Sahel y afines	Rebrote tras 2011 (Libia); alzamiento tuareg yihadista en Mali 2012; expansión 2015–2016	Vacíos de gobernanza; marginación periférica; radicalización; criminalidad transnacional
África – Mozambique (Cabo Delgado)	Insurgencia yihadista / intranacional	Estado mozambiqueño; ASWJ/ISIS-Mozambique; apoyo de Ruanda y SADC a gobierno	2017 (inicio de la insurgencia en Cabo Delgado)	Grievances locales y explotación de recursos (gas, rubíes); debilidad estatal; yihadismo transnacional
África – Nigeria (Boko Haram y facciones)	Insurgencia yihadista / regional (Cuenca del Lago Chad)	Nigeria; Boko Haram; ISWAP; estados vecinos	2009 (insurgencia activa de Boko Haram)	Radicalización; crisis socioeconómica; gobernanza deficiente; redes transfronterizas
África – Somalia (Al-Shabaab)	Guerra civil prolongada / insurgencia islamista	Gobierno Federal de Somalia; Al-Shabaab; AMISOM/ATMIS	1991 (colapso estatal); 2006– (auge de Al-Shabaab)	Debilidad estatal crónica; conflicto clan; yihadismo; crisis humanitaria
África – Etiopía (Oromía y Amhara)	Conflictos intranacionales / insurgencias regionales	Gobierno federal; milicias Fano; grupos armados en Oromía	2019– (insurgencias en Oromía y Amhara, posguerra de Tigray 2022)	Disputas centro-periferia; gobernanza; tensiones étnicas; posconflicto
América Latina – Colombia (ELN y disidencias)	Intranacional (insurgencia)	Estado colombiano; ELN; disidencias FARC	1964 (fundación ELN); múltiples ciclos de negociación (2016, 2023)	Desigualdad territorial; economías ilícitas; débil presencia estatal
América Latina – México (guerra contra cárteles)	Conflicto criminal no estatal	Estado mexicano; cárteles (CJNG, Sinaloa, etc.)	2006 (militarización bajo Calderón)	Control de mercados ilícitos; captura local del Estado; corrupción
América Latina – Haití (violencia de pandillas y misiones internacionales)	Violencia armada no estatal / crisis estatal	Estado haitiano; pandillas (G9 y otras); MSS/ONU	Escalada 2018–2021; misiones autorizadas desde 02/10/2023; transición a fuerza de supresión 2025	Colapso institucional; control territorial por pandillas; crisis humanitaria

América del Sur – Disputa Guyana–Venezuela (Esequibo)	Disputa territorial / tensión diplomática	Guyana; Venezuela (ICJ en curso)	1899 (Laudo Arbitral); 1966 (Acuerdo de Ginebra); medidas provisionales ICJ 01/12/2023	Reclamo territorial histórico; recursos energéticos y minerales

Fuente: Elaboración de los autores.

II. LA POLÍTICA ECONÓMICA

La eclosión de un conflicto armado de gran escala o prolongado reconfigura de manera estructural la política económica de los Estados, alterando sus prioridades fiscales, monetarias y de gobernanza macroeconómica. En el caso de Ucrania, antes del estallido del conflicto en 2022, el país mantenía una trayectoria de consolidación fiscal orientada a la convergencia con estándares europeos, con déficits próximos al 3 % del PIB y un sistema tributario en proceso de modernización. La fase bélica transformó profundamente ese marco: el Fondo Monetario Internacional (FMI) aprobó en 2023 un programa de asistencia ampliada (EFF) por 15,6 mil millones de dólares, destinado a sostener la estabilidad macroeconómica y preservar las funciones básicas del Estado (IMF, 2023). Dicho programa, revisado en 2024, incorporó una senda fiscal flexible con prioridades en defensa, servicios esenciales y protección social, junto con reformas tributarias para mejorar la recaudación (IMF, 2024). En 2025, el gobierno ucraniano aprobó un presupuesto suplementario que consolidó la transición desde un esquema de "presupuesto de paz" hacia un "presupuesto de guerra", donde la función de defensa absorbe más del 40 % del gasto total (IMF, 2025).

En el plano monetario y cambiario, el Banco Nacional de Ucrania (NBU) mantuvo una política restrictiva durante las fases iniciales del conflicto —con una tasa de referencia del 25 %— y, posteriormente, adoptó un régimen de flexibilidad administrada para equilibrar control inflacionario, preservación de reservas y normalización del mercado de divisas (NBU, 2023a; 2023b; 2024). Esta evolución evidencia la función dual de la política monetaria en contextos bélicos: anclar expectativas y garantizar liquidez sistémica en medio de disrupciones productivas y financieras.

En Rusia, las sanciones económicas y financieras internacionales impuestas desde 2022 limitaron su acceso a mercados de capital y al comercio energético global. Frente a ello, las autoridades implementaron una estrategia de sustitución de ingresos mediante reformas tributarias y expansión del gasto en defensa, que superó el 7 % del PIB en 2024 (SIPRI, 2025). En 2025 se anunció un incremento del impuesto al valor agregado (del 20 % al 22 %) y ajustes en el impuesto corporativo, buscando compensar la menor recaudación derivada de menores exportaciones energéticas (Reuters, 2025; Bank of Finland Institute for Emerging Economies [BOFIT], 2025). De este modo, la política fiscal rusa se desplazó desde una orientación procrecimiento hacia un modelo de sostenimiento presupuestario, financiado por mayores impuestos, control de gasto civil y utilización intensiva del ahorro público.

Estas transformaciones, observadas en dos economías de gran escala y orientación distinta, revelan un cambio profundo en el equilibrio de las políticas macroeconómicas. La coordinación entre política fiscal, monetaria y de deuda adquiere un papel central: las metas de crecimiento se subordinan a la estabilidad mínima del sistema financiero y al mantenimiento de la capacidad estatal. Así, la política económica en tiempos de guerra se define menos por la expansión o el control cíclico, y más por la resiliencia institucional y la gestión del riesgo sistémico.

El conflicto israelí-palestino experimentó una escalada significativa desde octubre de 2023, lo que desencadenó una reorientación fiscal y macroeconómica profunda. Según los informes preliminares del Bank of Israel (2024), el Gobierno israelí aprobó tres ampliaciones presupuestarias durante 2024, que elevaron el gasto público más del 15-20 % respecto al plan original. El déficit fiscal se situó por encima del 7 % del PIB, reflejando el impacto combinado del aumento del gasto en defensa y de la desaceleración económica (Reuters, 2024). En materia monetaria, el Bank of Israel mantuvo una estrategia de prudencia activa, preservando la estabilidad de tipos de interés y asegurando liquidez suficiente al sistema financiero, al tiempo que subrayó la importancia de mantener reservas fiscales contingentes para absorber la incertidumbre derivada del conflicto (Bank of Israel, 2025). En conjunto, la política macroeconómica israelí transitó desde un marco de consolidación hacia uno de estabilización de emergencia, destinado a garantizar la continuidad de las funciones estatales y la resiliencia institucional.

En el Líbano, el deterioro de la seguridad regional se sumó a una crisis económica estructural preexistente. En 2024, el World Bank proyectó una contracción adicional del PIB de 6,6 %, acompañada de pérdidas severas en agricultura y servicios, y de un descenso sostenido en la capacidad recaudatoria y monetaria del Estado (World Bank, 2024b). Este escenario ilustra cómo los costos económicos derivados de la violencia regional se amplifican en economías con fragilidad fiscal y restricciones externas persistentes.

En Sudán, el enfrentamiento entre las Fuerzas Armadas Sudanesas (SAF) y las Fuerzas de Apoyo Rápido (RSF) desde abril de 2023 provocó una dislocación macroeconómica profunda. La recaudación tributaria colapsó, la inflación superó los tres dígitos y la libra sudanesa se depreció más del 200 % entre 2023 y 2024 (World Bank, 2025a). La política fiscal opera bajo modo de emergencia, mientras la política cambiaria se tornó crecientemente administrada ante la escasez crítica de divisas. El país representa un caso paradigmático de economía de guerra sin anclas macroeconómicas, dependiente de la asistencia humanitaria internacional (World Bank, 2024a; 2025a).

En la República Democrática del Congo (RDC), pese a la persistencia del conflicto en Kivu y a la reaparición del Movimiento 23 de Marzo (M23), el gobierno logró sostener un crecimiento moderado —6,5 % en 2024— impulsado por la minería (World Bank, 2024c). Sin embargo, el informe conjunto de Ebuteli y Congo Research Group (2024) destaca que la ausencia de control estatal en corredores mineros estratégicos restringe la capacidad fiscal, limitando tanto el gasto social como las políticas de seguridad. Esta dualidad refleja el dilema de crecimiento sin consolidación institucional en entornos de conflicto prolongado.

En el Sahel central (Malí, Burkina Faso y Níger), la sucesión de golpes de Estado y la expansión de insurgencias yihadistas ha reducido drásticamente el acceso al financiamiento concesional. De acuerdo con la OCDE / Sahel and West Africa Club (2024), los gobiernos de la región han debido reorientar recursos civiles hacia defensa y seguridad, operando con márgenes fiscales estrechos y dependencia creciente del apoyo internacional. Este patrón confirma la existencia de políticas económicas reactivas y adaptativas, típicas de contextos donde la prioridad militar desplaza a la inversión productiva y social.

Aunque América Latina no enfrenta guerras interestatales, múltiples países padecen violencias crónicas que erosionan su capacidad fiscal y de gobernanza. En México, la militarización de la seguridad pública desde 2006 ha incrementado los costos operativos y reducido el margen presupuestario para políticas sociales, un fenómeno señalado por el Council on Foreign Relations (CFR, 2025). En Centroamérica, la violencia asociada al crimen organizado funciona como un "cuasi-impuesto" al crecimiento, generando pérdidas de bienestar equivalentes a varios puntos del PIB regional (UNODC, 2023). En Colombia, la persistencia del Ejército de Liberación Nacional (ELN) y de disidencias armadas obliga a políticas de gasto territorializadas y programas de reintegración financiados con cooperación internacional (International Crisis Group, 2025). Estas dinámicas, aunque no constituyen guerras formales, configuran entornos de alta conflictividad con impacto directo sobre la política económica.

En el Caribe, Haití enfrenta un colapso institucional y humanitario. En 2025, el Consejo de Seguridad de las Naciones Unidas (UNSC) transformó la Misión Multinacional de Apoyo a la Seguridad (MSS) en una Fuerza de Supresión de Pandillas, mientras el Fondo Monetario Internacional (FMI) implementó un Staff-Monitored Program centrado en gestión fiscal, estabilización de precios y redes de protección social (UNSC, 2025; IMF, 2025b). Estas medidas reflejan un viraje hacia políticas de contención macroeconómica en un entorno de debilidad institucional extrema.

Finalmente, en la controversia Guyana-Venezuela por el Esequibo, Guyana ha desplegado una política económica preventiva. A través del Natural Resource Fund (NRF), el país destinó en 2025 G$ 50,4 mil millones a seguridad y acumuló más de US$ 3,2 mil millones en reservas fiscales, según el Ministry of Finance of Guyana (2025) y el World Bank (2024d). Esta estrategia refuerza la orientación hacia la resiliencia fiscal como instrumento de defensa económica frente a riesgos geopolíticos.

La comparación de economías expuestas a conflicto —Ucrania, Israel, Sudán, República Democrática del Congo (RDC), Estados del Sahel, y escenarios de alta violencia en América Latina y el Caribe— muestra similitudes robustas y diferencias estructurales en la aplicación de la política económica. En todos los casos se observa una reacción fiscal inmediata (presupuestos extraordinarios, mayor peso del gasto en defensa y funciones esenciales, tolerancia temporal a déficits superiores a los de la etapa previa) y un uso defensivo de la política monetaria y cambiaria para anclar expectativas y preservar liquidez, incluso recurriendo a regímenes cambiarios más administrados cuando lo exigen los choques (International Monetary Fund [IMF], 2023, 2024; Bank of Israel [BoI], 2024, 2025; National Bank of Ukraine [NBU], 2023a, 2023b, 2024). Las diferencias responden principalmente a tres condicionantes: (i) fortaleza institucional y acceso a financiamiento externo (Ucrania sostiene el esfuerzo con un programa EFF multianual y apoyo de socios; Israel combina mercado doméstico y prudencia monetaria), frente a capacidades muy limitadas como en Sudán, donde colapsa la recaudación, la inflación alcanza tres dígitos y la moneda se deprecia con fuerza (IMF, 2023, 2024; BoI, 2024, 2025; World Bank, 2024a, 2025a); (ii) estructura productiva y base exportadora, que condicionan ingresos y recaudación: la RDC preserva crecimiento por minería, pero la débil gobernanza en corredores extractivos restringe la base fiscal (World Bank, 2024c; Ebuteli & Congo Research Group [CRG], 2024); y (iii) entorno geopolítico y de sanciones, que determina el margen para financiación interna/externa y ajustes tributarios (Bank of Finland Institute for Emerging Economies [BOFIT], 2025; Reuters, 2025). En el Sahel, la combinación de quiebras institucionales y violencia yihadista reduce el acceso a financiamiento concesional y fuerza reorientaciones hacia seguridad con márgenes fiscales estrechos —un patrón reactivo-adaptativo de contención más que de desarrollo (Organisation for Economic Co-operation and Development / Sahel and West Africa Club [OECD/SWAC], 2024). En América Latina y el Caribe, la violencia no interestatal reproduce rasgos fiscales de "economía en conflicto" —costes de seguridad que desplazan gasto social y menor espacio presupuestario—, aunque persisten instrumentos de política social y cooperación para mitigación (Council on Foreign Relations [CFR], 2025; United Nations Office on Drugs and Crime [UNODC], 2023; International Crisis Group [ICG], 2025). En Haití, la debilidad institucional extrema ha requerido una arquitectura de estabilización bajo supervisión del Consejo de Seguridad de Naciones Unidas (United Nations Security Council [UNSC]) y del FMI (programa staff-monitored), priorizando movilización de ingresos, gestión de finanzas públicas y protección social focalizada (UNSC, 2025; IMF, 2025b). En síntesis, la similitud central es la primacía de la estabilización estatal (fiscal-monetaria-cambiaria) sobre objetivos de crecimiento; las diferencias provienen del grado de resiliencia institucional, la estructura productiva y la inserción externa —incluidas sanciones— que determinan si la respuesta es meramente reactiva o estratégicamente adaptativa (Stockholm International Peace Research Institute [SIPRI], 2025; World Bank, 2024a).

III. CONCLUISONES.

El estudio demuestra que los conflictos contemporáneos —desde las guerras interestatales como la de Rusia y Ucrania hasta las insurgencias y crisis híbridas en África y América Latina— transforman de raíz el funcionamiento de la política económica. En todos los casos analizados, el estallido o la persistencia del conflicto obliga a los Estados a priorizar la estabilidad institucional sobre los objetivos de crecimiento, redefiniendo la función fiscal y monetaria como instrumentos de supervivencia estatal. La fiscalidad se vuelve eminentemente defensiva, dirigida a sostener el gasto militar y las funciones esenciales, mientras las políticas monetarias buscan anclar expectativas y preservar la liquidez sistémica (IMF, 2023, 2024; NBU, 2024; Bank of Israel, 2025). Esta reorientación coincide con lo señalado por el Stockholm International Peace Research Institute (2025), que documenta un gasto militar mundial en máximos históricos y un desplazamiento de la inversión civil hacia la seguridad y la reconstrucción.

Las diferencias entre países derivan menos del tipo de conflicto que de la capacidad institucional, el acceso a financiamiento y la estructura productiva. Ucrania e Israel muestran respuestas adaptativas sustentadas en marcos institucionales sólidos y cooperación internacional; en contraste, Sudán o los Estados del Sahel operan en condiciones de colapso recaudatorio y dependencia de ayuda humanitaria, lo que limita cualquier margen de política (World Bank, 2025a; OECD/SWAC, 2024). En la República Democrática del Congo, la minería permite crecimiento sin consolidación institucional, mientras que en América Latina las violencias criminales reproducen patrones de "economías en conflicto", con alto costo fiscal y erosión de la gobernanza (CFR, 2025; UNODC, 2023; ICG, 2025). Estos contrastes confirman que la eficacia de la política económica en contextos de guerra depende de la resiliencia institucional más que de los recursos disponibles o del tipo de conflicto.

Finalmente, el análisis revela que las guerras, insurgencias y violencias persistentes reconfiguran el sentido mismo de la política económica: de ser una herramienta de crecimiento y redistribución, pasa a convertirse en mecanismo de estabilización del Estado frente al riesgo sistémico. En escenarios de fragmentación geoeconómica, sanciones y crisis energéticas, la preservación del aparato estatal y de su capacidad de decisión soberana se erige como el objetivo último de la acción económica (IMF, 2024; SIPRI, 2025; World Bank, 2024a). Comprender esta mutación es esencial para repensar la teoría y la práctica de la política económica en el siglo XXI, donde la resiliencia y la gobernanza sustituyen al equilibrio y al crecimiento como pilares de la estabilidad.

IV. REFERENCIAS BILIOGRÁFICAS

Bank of Finland Institute for Emerging Economies (BOFIT). (2025, septiembre). Russia's 2025 budget: Tax rises and fiscal realignment. Helsinki: BOFIT Weekly Review.

Bank of Israel. (2024). Monetary policy report: First half of 2024. Jerusalén: Bank of Israel.

Bank of Israel. (2025). Monetary policy report: Second half of 2024. Jerusalén: Bank of Israel.

Council on Foreign Relations (CFR). (2025). Mexico's long war: Drugs, crime, and the cartels. Washington, DC: Council on Foreign Relations.

Ebuteli, & Congo Research Group (CRG). (2024). The resurgence of the M23: Regional rivalries, donor policy, and a stalled peace process. New York: Center on International Cooperation, New York University.

International Crisis Group (ICG). (2025). Colombia: From "total peace" to local peace (Watch List 2025). Brussels: International Crisis Group.

International Monetary Fund (IMF). (2023). Ukraine — Extended arrangement under the Extended Fund Facility (EFF): Press release and staff report. Washington, DC: International Monetary Fund.

International Monetary Fund (IMF). (2024). Ukraine — Fourth review under the Extended Fund Facility (EFF): Press release and staff report. Washington, DC: International Monetary Fund.

International Monetary Fund (IMF). (2025b). Haiti — Staff-monitored program: Press release and staff report. Washington, DC: International Monetary Fund.

Ministry of Finance of Guyana (MoF). (2025). Budget estimates 2025. Georgetown: Ministry of Finance of Guyana.

National Bank of Ukraine (NBU). (2023a). Inflation report Q4 2023. Kyiv: National Bank of Ukraine.

National Bank of Ukraine (NBU). (2023b). Annual report 2023. Kyiv: National Bank of Ukraine.

National Bank of Ukraine (NBU). (2024). Annual report 2024. Kyiv: National Bank of Ukraine.

Organisation for Economic Co-operation and Development / Sahel and West Africa Club (OECD/SWAC). (2024). Military coups, jihadism and insecurity in the Central Sahel (West African Papers No. 43). Paris: OECD Publishing.

Reuters. (2024, diciembre 5). Israel expands 2024 budget amid war-related costs, deficit rises to 7 % of GDP. Reuters News Service.

Reuters. (2025, marzo 17). Russia to raise VAT to 22 % to offset falling energy revenues. Thomson Reuters.

Stockholm International Peace Research Institute (SIPRI). (2025). Trends in world military expenditure, 2024 (Fact Sheet). Stockholm: SIPRI.

United Nations Office on Drugs and Crime (UNODC). (2023). Homicide and organized crime in Latin America and the Caribbean (Research Brief). Vienna: United Nations Office on Drugs and Crime.

United Nations Security Council (UNSC). (2025, septiembre 17). Security Council authorizes transition of MSS in Haiti to Gang Suppression Force (Press Release SC/16185). New York: United Nations.

World Bank. (2024a). Global economic prospects: Growth challenges in a fragmented world. Washington, DC: World Bank.

World Bank. (2024b). Lebanon economic monitor: Autumn 2024 update. Beirut / Washington, DC: World Bank.

World Bank. (2024c). Democratic Republic of Congo: Country overview 2024 update. Washington, DC: World Bank.

World Bank. (2024d). Guyana macro-poverty outlook 2024: Fiscal developments and Natural Resource Fund. Washington, DC: World Bank.

World Bank. (2025a). Sudan economic update 2025. Washington, DC: World Bank.

Del relato a los hechos: el reciente despliegue de las políticas transformadoras de economía social y solidaria en el mundo

RAFAEL CHAVES
Departamento de Economía Aplicada-Política Económica
Universidad de Valencia

EL LARGO CAMINO HACIA UN DISCURSO CONSENSUADO A NIVEL INTERNACIONAL SOBRE LA ECONOMÍA SOCIAL Y SOLIDARIA

Las crisis mundiales de este siglo XXI crecen y se retroalimentan mutuamente. Se trata de las crisis relacionadas con la desigualdad económica, el cambio climático, la concentración del poder económico internacional y la demografía, a las que se les han sumado la cuarta revolución industrial con la robotización y la irrupción de la inteligencia artificial y una nueva ola de conflictos armados.

A principios de la década pasada, los gobiernos de todo el mundo, en colaboración con la sociedad civil organizada, acordaron un programa común y global para hacer frente a estos retos y problemas mundiales. Este programa, más conocido como Agenda 2030, incluía la economía social y solidaria (en adelante, ESS) como vector clave para la consecución de sus objetivos. De este modo, las Naciones Unidas reconocieron oficialmente, por primera vez, la importancia de la ESS en la escena política internacional y en concreto, su importante papel en la lucha contra estas citadas crisis.

La inclusión oficial de la ESS en la Agenda 2030 no fue una cuestión menor. El ámbito de la economía social y solidaria, que hace referencia a «esa economía situada entre la economía pública y la economía capitalista», una economía basada en las personas (*«people-based* economy»), en contraposición a los otros dos sectores institucionales, las administraciones y entidades públicas, basadas en el poder del Estado («state-based economy») y a las empresas privadas tradicionales de carácter capitalista, «economías basadas en el capital» (*«capital-based economy»),* nunca antes había sido objeto de consenso en cuanto a su conceptualización, su delimitación precisa y su denominación. De hecho, una pluralidad de concepciones que van desde la economía social, la economía solidaria y el sector sin ánimo de lucro hasta las empresas sociales, el tercer sector y las organizaciones de la sociedad civil, entre otras, han competido entre sí, apoyándose en sus respectivas redes de actores sociales, sus propios *think tanks* y sus partidarios, que construyen su propio imaginario social y su propio respaldo científico, concepciones atomizadas e ignoradas entre sí, incluso opuestas. Este panorama tan balcanizado ha constituido uno de los principales obstáculos históricos para la estructuración del sector y su participación en las políticas gubernamentales (Chaves y Monzón, 2018; Chaves, 2017, 2023, 2025).

Desde principios de la pasada década, el discurso sobre la economía social y solidaria se ha extendido a escala internacional y ha adquirido una relativa notoriedad gracias al trabajo incansable y prolongado de *grupos de reflexión* públicos y privados, como las redes ESS Global Social Economy Forum (GSEF), la Red Intercontinental de Promoción de la Economía Social y Solidaria (RIPESS) y el Observatorio Iberoamericano de la Economía Social y Cooperativa (OIBESCOOP), las instituciones de las Naciones Unidas y la OIT, el programa Leed de la Organización para la Cooperación y el Desarrollo Económicos (OCDE), así como instituciones europeas con una larga experiencia en este ámbito, como la categoría Economía Social del Comité Económico y Social Europeo, el Intergrupo del Parlamento Europeo, el Comité de las Regiones y el grupo de expertos de la Comisión Europea GECES, así como organizaciones científicas como la red CIRIEC-International.

La creación en 2013 del Grupo de Trabajo Interinstitucional de las Naciones Unidas sobre Economía Social y Solidaria (UNTFSSE), compuesto por una veintena de instituciones del sistema de las Naciones Unidas y otros organismos e instituciones internacionales, y la adopción, por otra parte, en 2015, de la resolución de la Asamblea General de las Naciones Unidas «Transformar nuestro mundo: la Agenda 2030 para el Desarrollo Sostenible»[1] marcaron el inicio de un programa político internacional en el ámbito de la economía social y solidaria. Este trabajo culminó en el llamado *«Momentum de* la economía social», periodo entre 2021 y 2024, cuando las principales instituciones internacionales adoptaron resoluciones de enorme trascendencia y pusieron en marcha iniciativas de gran envergadura que constituyeron una «piedra angular» en esta trayectoria. Cabe destacar el "*Plan de acción plurianual europeo para la economía social*" aprobado en diciembre de 2021 por la Comisión Europea, la resolución de la 119.ª Conferencia Internacional del Trabajo de la

---

1 Asamblea General de las Naciones Unidas. *Transformar nuestro mundo: la Agenda 2030 para el Desarrollo Sostenible;* A/RES/70/1; Asamblea General de las Naciones Unidas: Ginebra, Suiza, 2015.

OIT sobre «la economía social y solidaria y el trabajo decente» adoptada en 2022, la recomendación del Consejo de la OCDE sobre "la economía social y solidaria y la innovación social", adoptada ese mismo año, la resolución de las Naciones Unidas de junio de 2023 sobre «La economía social y solidaria y el desarrollo sostenible», la recomendación del Consejo de la Unión Europea de noviembre de 2023 sobre "el desarrollo de las condiciones marco para la economía social", la estrategia plurianual para la economía social y solidaria adoptada en agosto de 2024 por la Unión Africana, entre otras (como la CEPAL y la FAO). Dentro del propio campo de la economía social y solidaria, cabe destacar la creación en 2021 de la plataforma Coalición Internacional de Economía Social y Solidaria (CIESS), que agrupa a las principales entidades internacionales representativas de la economía social.

El discurso de todas estas instituciones y organizaciones internacionales, respaldado por el mundo científico, se ha cristalizado en torno a un consenso sobre tres ideas clave. En primer lugar, se ha logrado un consenso internacional sobre el concepto de economía social y solidaria, que engloba a las entidades cuyos principios identitarios fundamentales son la (1) gobernanza participativa y democrática, (2) tener un objetivo social y (3) un modo de distribución limitada de los beneficios, en cualquier caso no vinculado a las aportaciones de capital. Este concepto considera que las cooperativas, las mutuas, las fundaciones y las asociaciones son sus componentes centrales, a los que se añaden otras formas jurídicas en función de la diversidad de realidades nacionales.

En segundo lugar, se reconoce que la ESS cumple funciones sociales y económicas de gran alcance en los países: su papel va más allá de la resolución de problemas específicos —como el empleo, el desarrollo rural o la atención a las poblaciones desfavorecidas— y, es decir, un simple mecanismo de corrección de las deficiencias del mercado. Ahora se considera una perspectiva más amplia, se le considera un *motor de prosperidad inclusiva*, dotado de una capacidad multifuncional que va más allá de la mera creación de riqueza material, al integrar diversas dimensiones del bienestar —como la salud, la educación, los servicios a las personas, la sostenibilidad medioambiental y los derechos civiles, al tiempo que garantiza la participación y la inclusión de todos los grupos sociales en el proceso de creación de valor colectivo y de transformación del sistema.

En tercer lugar, se acuerda instar a los gobiernos de todo el mundo, a todos los niveles, a que elaboren políticas de promoción de la ESS en su territorio, con el fin de que la ESS multiplique su impacto positivo. El último informe de la Comisión Europea, elaborado conjuntamente por CIRIEC y EURICSE ha evidenciado que la economía social europea da empleo a más de 13,5 millones de personas (Comisión Europea, 2024).

El carácter innovador tanto de la economía social como de las políticas de economía social debe relativizarse. En primer lugar, porque la realidad material de la ESS o «economía basada en las personas» siempre ha existido, ya que es inherente a la condición humana y a la organización social, aunque haya carecido de reconocimiento y organización bajo el concepto moderno mencionado anteriormente. En segundo lugar, las políticas gubernamentales proactivas de promoción de la economía social tienen precedentes. De hecho, en la década de 1960, en un contexto de descolonización, muchos países de todo el mundo pusieron en marcha potentes políticas de apoyo a las cooperativas, que son el núcleo de la economía social, con el respaldo de las instituciones internacionales, basándose en un *enfoque descendente y* con el objetivo de construir una economía poscolonial (Defourny y Develtere, 2009). Esta experiencia permite extraer importantes lecciones, como la necesidad de la implicación de los ciudadanos y no solo de la acción y la financiación de los gobiernos para que la economía social se consolide con el tiempo. Probablemente gracias a este aprendizaje, la co-construcción de políticas y la colaboración entre el sector público y la ESS son hoy en día elementos clave de las nuevas políticas transformadoras de la ESS.

EL DESPLIEGUE DE LAS POLÍTICAS TRANSFORMADORAS DE LA ESS EN EL MUNDO

En parte impulsada por el discurso internacional detallado en la sección anterior, pero sobre todo en el contexto de importantes cambios políticos en muchos países en los que gobiernos progresistas han llegado al poder y han incluido la ESS en su programa de transformación, se ha extendido por todo el mundo una ola de políticas de promoción de la ESS.

Gobiernos como los de Francia, España, Bélgica, Costa Rica, Corea del Sur, Quebec (Canadá), Brasil y Argentina han acumulado una amplia experiencia en la aplicación de políticas destinadas a promover la ESS (CIRIEC, 2017; Utting, 2017; Jenkins, 2023; Chaves, 2025). Disponen de una amplia y consolidada gama de mecanismos de apoyo, que van desde leyes sobre economía social hasta planes y estrategias plurianuales, pasando por presupuestos específicos, órganos de concertación y diálogo social, así como otras medidas innovadoras de promoción, como la inclusión de la ESS en la contratación pública y la enseñanza pública. Cuentan con una larga experiencia en materia de acción gubernamental, que se remonta a los años 80 y 90, por lo que las políticas de los últimos quince años constituyen para ellos la segunda generación de políticas. El paso de las políticas de primera generación a las de segunda generación va acompañado de un cambio de *visión de la economía social,* tanto en el plano conceptual como en el de su utilidad social y, por tanto, en el diseño de las políticas gubernamentales. En cuanto al concepto, se ha pasado de una visión atomizada de la economía social, dividida principalmente por familias jurídicas, y de una visión reparadora de problemas específicos, como el empleo, el mundo rural o la atención a las poblaciones desfavorecidas, es decir, un mecanismo de corrección de las deficiencias del mercado o de prestación de servicios, que caracterizaba las políticas de economía social de primera generación, a una visión amplia y transversal del ámbito de la economía social, como modelo económico polivalente y transformador del sistema, más sostenible e inclusivo. Es en este enfoque transformador de las políticas de economía social, en el que se alinean las políticas gubernamentales de apoyo a la ESS de otros países que se han embarcado en este ámbito de acción pública durante los últimos quince años.

En España, el 31.5.2022 el Consejo de Ministros del Gobierno de España aprobaba el Proyecto Estratégico para la Recuperación y Transformación Económica (PERTE) de "economía social y de los cuidados"[2], el único hasta ahora de este tipo en Europa y uno de los primeros PERTE aprobados, dentro de la política europea de los fondos NEXT GENERATION. Es importante destacar que el propio Ministerio de Trabajo incluye en su denominación la palabra 'economía social' (Ministerio de trabajo y economía social). España cuenta también con su 2ª Estrategia Española de la economía social (2023-2027). El Ministerio de trabajo y economía social cuenta con un Comisionado interministerial especializado para la economía social. En el ámbito autonómico y municipal son numerosas las iniciativas gubernamentales, como el 2º y el 3º Plan de fomento de las cooperativas (*Fent Cooperatives*) de la Generalitat Valenciana –aprobados en gobiernos de distinto signo político-, la Estrategia de la Economía Social y Solidaria en Barcelona 2030 y la aprobación de las leyes de economía social de Canarias (14 de octubre de 2022)[3] y La Rioja (20 de julio de 2022)[4], entre otros.

Los gobiernos de muchos países y regiones de todo el mundo han puesto en marcha políticas destinadas a promover la economía social por primera vez en los últimos quince años (véase Chaves, 2025 para Europa), mientras que otros gobiernos están considerando la posibilidad de aplicar políticas de este tipo.

---

2 https://planderecuperacion.gob.es/como-acceder-a-los-fondos/pertes/perte-de-economia-social-y-de-los-cuidados

3 https://www.boe.es/diario_boe/txt.php?id=BOE-A-2022-16756

4 https://www.boe.es/diario_boe/txt.php?id=BOE-A-2022-13067

Además de los países con una tradición más larga en este ámbito mencionados anteriormente, los siguientes países del mundo han sido especialmente activos:

En **América**, México, Costa Rica, Ecuador, Venezuela, Argentina, Brasil, Bolivia, Chile y Uruguay. Quebec (Canadá) aprobó una ley sobre economía social en 2013 y ya ha puesto en marcha dos planes plurianuales de promoción (2015-2020 y 2020-2025). México aprobó una ley sobre la economía social en 2012, Ecuador en 2011 y Uruguay en 2019. Ecuador cuenta con sucesivos planes de apoyo a la economía popular y solidaria, el último de los cuales es el de 2021-2025.

En **África**, cabe destacar a Túnez, Camerún, Cabo Verde, Yibuti, Senegal, Sudáfrica, Marruecos, Mauritania, Costa de Marfil y Gabón. Los cinco primeros países mencionados ya cuentan con leyes sobre economía social, aprobadas entre 2016 y 2021, y Marruecos tiene un proyecto de ley. Túnez y Marruecos también cuentan con estrategias nacionales en materia de ESS.

En **Europa**, Italia, Portugal, Eslovaquia, Rumanía, Bulgaria, Escocia, Polonia, Luxemburgo y Grecia han sido activos, además de los ya mencionados anteriormente. La mayoría de estos países cuentan con leyes sobre economía social y estrategias o planes nacionales de promoción.

En **Asia y el Pacífico**, cabe destacar la actividad de los gobiernos de Corea del Sur, Tailandia, Vietnam, Malasia y la India .

Es importante destacar que la implementación de políticas de promoción de la economía social en estos países no garantiza su continuidad en el tiempo. Por ejemplo, en países como Corea del Sur, Ecuador, Argentina o México, tras períodos de políticas proactivas, los cambios gubernamentales han provocado un retroceso de las políticas de economía social, hasta convertirlas en prácticamente simbólicas.

Por otra parte, cabe destacar que los factores determinantes para la implementación de políticas a favor de la economía social son, en primer lugar, la existencia de un reconocimiento institucional y discursivo en el país, tanto en el ámbito social como en el gubernamental y académico, la necesidad de un grado suficiente de organización y estructuración de las entidades de la ESS en plataformas representativas capaces de dotar al sector de identidad, visibilidad e impacto político. Por último, el establecimiento de vínculos de cooperación con otros actores del ecosistema territorial, en particular con los centros de formación e investigación. Estas condiciones se dan en todos los países más avanzados en materia de políticas de promoción de la economía social.

TENDENCIAS Y RETOS DE LAS POLÍTICAS DE LA ESS

El despliegue de esta nueva ola de políticas de economía social, con un diseño amplio y transformador, supone la aparición en la escena internacional de una nueva era de política pública gubernamental centrada en el desarrollo social y económico de sus territorios. Los objetivos de esta política son amplios y pretenden abordar retos de gran envergadura, como la transición socioecológica justa y las desigualdades. Está adquiriendo un espacio propio, consolidado y estructurado, con sus propios objetivos, instrumentos, herramientas de sistematización y evaluación, conceptos e indicadores, un espacio junto a otras políticas gubernamentales maduras como la política de empleo, agrícola, industrial, entre otras. Sin embargo, se enfrentan a importantes limitaciones y riesgos de diversa índole, como la capacidad de los gobiernos para adaptar las estructuras organizativas y superar las resistencias departamentales para convertirla en una política mainstreaming.

El segundo reto al que se enfrenta esta nueva política pública es el de su sostenibilidad interna y externa en el tiempo. La *sostenibilidad interna,* o viabilidad interna, se refiere, por un lado, al mantenimiento a lo largo del tiempo del apoyo y las alianzas de las fuerzas que promueven esta política, garantizando su institucionalización y su adecuada articulación en el marco de otras políticas y estructuras gubernamentales y, por otro lado, al hecho de que la eficacia de esta nueva política sea percibida como positiva tanto por las partes interesadas como por la sociedad en general. La *sostenibilidad externa* se refiere a la capacidad de estas políticas de economía social para resistir y adaptarse a los cambios de los ciclos políticos. Esto es especialmente relevante en contextos como los observados en los últimos años con el auge de los gobiernos reaccionarios. Su proyecto político es contrario a las políticas de economía social: su objetivo es desmantelar, desarticular o vaciar de contenido la política de economía social, relegándola así a la insignificancia. Y esto no solo afecta a la política de economía social, sino también al propio sector de la economía social, desnaturalizándolo y eliminándolo del escenario económico principal de sus territorios como actor social y económico dinámico y poderoso, en una visión análoga a la privatización de este sector. Estas políticas reaccionarias destinadas a desmantelar la economía social y sus políticas de apoyo pueden ser más explícitas y visibles, como la derogación de una ley sobre economía social o la supresión de un departamento y un organismo público especializado en este ámbito (*políticas reaccionarias duras),* o más subrepticias, aprovechando la práctica administrativa de estrangulamiento derivada de las políticas de austeridad cualitativa, los recortes presupuestarios sistemáticos, la no renovación de estrategias y planes, o la supresión del elemento proactivo de esta política por parte del gobierno (*políticas reaccionarias suaves).*

Bibliografía

BOUCHARD, M. J. (Ed.). (2009) : *The worth of the Social Economy: an international perspective.* Peter Lang.

CASTELAO, M.E. y SRNEC, C. (2013): «Public Policies Addressed to the Social and Solidarity Economy in South America. Toward a New Model?» *Voluntas,* 24 (3), 713-732.

CHAVES, R. y DEMOUSTIER, D. (dir.) (2013): *The emergence of social economy in public policy. An international perspective,* Bruselas: Peterlang publishers.

CHAVES, Rafael (2017). Para una política económica democrática. Revisitada treinta años después. En: *Política económica frente al neoliberalismo.* Tirant lo Blanch. 75-86

CHAVES, R. (dir.) (2020): *La nueva generación de políticas públicas de promoción de la economía social en España,* Valencia: Tirant Lo Blanc.

CHAVES, Rafael (2023). El relato de la economía social y el papel de los científicos. Actualidad tras la aprobación de la primera ley mundial de economía social. En *Dos decenios actividad universitaria en economía social, cooperativismo y emprendimiento desde el Instituto Universitario IUDESCOOP.* CIRIEC-España editorial, Valencia, 53-66.

CHAVES, Rafael (2025). Three decades of research on social economy public policies. Further insights for government policies on cooperatives, nonprofit entities and social enterprises. *CIRIEC-España, revista de economía pública, social y cooperativa,* (114), 49-83.

CHAVES, R. (2025). The new generation of public policies for the social economy, a new policy straddling social, labour, industrial, and territorial policies. An overview. *CIRIEC WP* 03, https://www.ciriec.uliege.be/wp-content/uploads/2025/06/WP2025-03_online.pdf

CHAVES, R., VIA-LLOP, J. y GARCIA-JANÉ, J. (2020): *La política pública en favor de la economía social y solidaria en Barcelona (2016-2019),* documento de trabajo n.º 5.

CHAVES, R. y GALLEGO, J. R. (2020): «Transformative Policies for the Social and Solidarity Economy» *Sustainability* (10): 1-29.

CHAVES, R. (2025). La nueva generación de políticas públicas para la economía social, una nueva política que abarca las políticas sociales, laborales, industriales y territoriales. Una visión general. *CIRIEC WP* 03, https://www.ciriec.uliege.be/wp-content/uploads/2025/06/WP2025-03_online.pdf

CIRIEC/EESC (2017): *Evolución reciente de la economía social en la Unión Europea,* Comité Económico y Social Europeo, Bruselas.

CORREA, F. (ed.) (2022): *Instituciones y políticas públicas para el desarrollo cooperativo en América Latina,* Documentos de proyectos (LC/TS.2021/203/Rev.1), Santiago, Comisión Económica para América Latina y el Caribe (CEPAL).

DEFOURNY, J. & DEVELTERE, P. (1999) L'économie sociale : la création mondiale d'un troisième secteur. HIVA, KULeuven.

COMISIÓN EUROPEA – EISMEA/ Carini, C., Galera, G., Tallarini, G., Chaves-Avila, R. et al. (2024): *Benchmarking the socio-economic performance of the EU social economy – Impro-*

ving the socio-economic knowledge of the proximity and social economy ecosystem, Oficina de Publicaciones de la Unión Europea, https://data.europa.eu/doi/10.2826/880860

JENKINS, H., YI, I., BRUELISAUER, S. y CHADDHA, K. (2021): *Guidelines for Local Governments on Policies for Social and Solidarity Economy.* Ginebra: UNRISD.

SALAMON, L., ANHEIER, H. & Associates (1999). *Global civil society: Dimensions of the nonprofit sector.* Johns Hopkins Institute for Policy Studies.

UTTING, P. (2017): *Políticas públicas en favor de la economía social y solidaria: evaluación de los avances realizados en siete países.* Ginebra: Oficina Internacional del Trabajo.

Políticas de vivienda después de la crisis. Una evaluación crítica

JUAN GONZÁLEZ ALEGRE
Departamento de Teoría e Historia Económica
Universidad de Malaga

1. INTRODUCCIÓN

El precio de la vivienda se está convirtiendo en un problema de primera magnitud en España, tanto por la alta tasa de crecimiento observada en los últimos años como por la volatilidad experimentada desde principios de siglo. En realidad, no se trata de un problema particular de España, ya que aparece en muchos otros países de nuestro entorno económico, en parte ligado a una subida generalizada de la inflación relacionada con la política monetaria. Sin embargo, la coyuntura española sí es más preocupante, pues los datos revelan tasas de crecimiento de más del doble que la media comunitaria en los últimos trimestres. Estos datos podrían estar dulcificados, además, por una distribución del precio bastante irregular tanto a nivel general como a nivel regional y provincial (EUROVAL, 2025).

El Banco de España (BDE) identifica la fortaleza de la demanda junto con la rigidez de la oferta como principales partícipes del incremento de precios observado (Gavilán, 2024). La demanda por parte de compradores extranjeros se sitúa en niveles bastante elevados, en particular en provincias consideradas destinos turísticos de sol y playa. Alrededor de un 25% de la población española reside en viviendas en alquiler. El precio medio del alquiler está experimentando dinámicas similares a las del precio de venta (Khametshin, López y Pérez, 2024). Según el CIS, el porcentaje de españoles que sitúa la vivienda entre los principales problemas de España se encuentra, a mediados de 2025, a niveles comparables con los de principios de 2007, justo antes del comienzo de la crisis de principios de siglo.

El presente trabajo pretende repasar los principales hitos de política económica que, desde el estallido de la burbuja inmobiliaria, han contribuido a que España, de nuevo, destaque como uno de los países avanzados en los que la vivienda resulta más prohibitiva para las clases medias. A continuación, el trabajo pretende identificar algunas características o rasgos de las políticas públicas de vivienda que parecen formar parte de nuevos estilos de gobernanza que afectan igualmente a otras áreas de política económica.

2. PRINCIPALES HITOS RECIENTES DE POLÍTICA ECONÓMICA

2.1. La política climática y la vivienda

La Unión Europea se encuentra en un proceso de transición a una economía más ecológica y eficiente energéticamente. La normativa relativa a la construcción, en concreto el anexo del Código Técnico de la Edificación denominado Documento Básico de Ahorro de Energía (DB HE), ha experimentado sucesivas modificaciones en los últimos años con el propósito de endurecer las características energéticas de las nuevas construcciones, la más reciente en el año 2022. Además, con el objeto de medir correctamente las variables relativas al consumo de energía se crearon las certificaciones energéticas, comenzando por el certificado energético para los edificios de nueva construcción (2010), que posteriormente también se hace obligatorio para la transmisión, el alquiler (2013) o la firma de hipotecas (2025).

La Directiva (UE) 2024/1275 del Parlamento Europeo y del Consejo establece, con el punto de inflexión fijado a partir de 2030, nuevos requisitos medioambientales para el parque de viviendas de los estados miembros. Se establece el objetivo de desarrollar los llamados “Edificios Cero Emisiones” (ZEB), y se imponen objetivos y límites para la existencia de edificios menos eficientes. Los estados miembros tendrán que elaborar unos Planes Nacionales de Renovación de Edificios para garantizar la transición. La transposición en la práctica de esta directiva a las legislaciones nacionales está generando titulares de prensa algo alarmistas (e.g. Gil Marín, 2025). Aunque aún no de manera explícita, los objetivos fijados contemplan la posibilidad de políticas extremadamente coercitivas.

2.2. La política climática y los mercados financieros. El Banco Central Europeo.

En Noviembre de 2020, el Banco Central Europeo (BCE) publicó su Guía sobre riesgos relacionados con el clima y medioambientales (BCE 2020) que marcará el desarrollo de una política medioambiental en el sistema financiero, alineándose con los Acuerdos de París sobre el cambio climático, los objetivos de Desarrollo Sostenible de las Naciones Unidas y el llamado Pacto Verde Europeo. En concreto (Giuzio, Krusec et al., 2019, BCE 2022), se identifican riesgos asociados al cambio climático debido al incremento de los desastres naturales y al deterioro progresivo del medioambiente (riesgos físicos) pero también debido a la incertidumbre sobre la velocidad y el progreso de los cambios normativos y regulatorios en la transición a una economía "verde" (riesgos de transición).

En lo relativo al mercado de las hipotecas, de momento el interés parece estar más pendiente de los llamados riesgos de transición (mirar, por ejemplo, Fontana et al. 2025). Desde 2021, el BCE está recopilando datos sobre la eficiencia energética de los activos inmobiliarios en la cartera de los grandes bancos de la Eurozona más expuestos (Elderson, 2025). La Directiva de Requisitos de Capital (2024/1619) del Parlamento Europeo y del Consejo endurece, a partir de 2026, la necesidad de identificar los riesgos medioambientales de los activos financieros. Nos encontramos, por tanto, el necesario proceso de identificar (o etiquetar) adecuadamente los activos hipotecarios, como paso previo al desarrollo de la regulación. Curiosamente, la celeridad en el proceso de identificación de activos iniciado puede contribuir al desencadenamiento de los riesgos regulatorios que el BCE se propone contribuir a controlar.

2.3. Legislación de Arrendamientos Urbanos. El control de precios

Tras el estallido de la burbuja inmobiliaria, el legislador modifica la Ley de Arrendamientos Urbanos vigente desde 1994 (29/1994) en el año 2013 (4/2013) con el objetivo de hacer más atractiva la inversión en vivienda incrementando la libertad de pacto entre las partes. En 2018 se produce el ensayo de un nuevo cambio legislativo, el Real Decreto-ley 21/2018 que finalmente no fue convalidado por el Congreso y, por tanto, quedó derogado al mes de su entrada en vigor.

Ante el reciente incremento de precios, la ley 12/2023 introduce la regulación de las llamadas zonas tensionadas, en las que se podrá limitar el precio de las rentas, y se crea y regula la figura del gran tenedor (que experimentarán condiciones regulatorias más restrictivas). La Ley también pretende dificultar el desahucio de arrendatarios en situación de vulnerabilidad (que, en teoría, se había facilitado con la ley 4/2013, aunque persisten muchas dudas sobre la eficacia en este particular) y se regula un porcentaje mínimo de vivienda protegida en los nuevos desarrollos urbanísticos. Finalmente, se introducen nuevas rigideces que, en general, incrementan la protección del inquilino, algunas rescatadas de la ley de 1994. Las Comunidades Autónomas también están desarrollando recientemente un rico "corpus legislativo" que regula la situación de las viviendas vacías y ciertas situaciones relativas a los grandes inversores en vivienda residencial, lo cual está sembrando cierta inquietud entre algunos propietarios.

Sin embargo, seguramente el principal temor que emerge entre los propietarios de segundas residencias y viviendas desocupadas es la inseguridad jurídica que causa el fenómeno de la ocupación ilegal. Las denuncias por ocupación de inmuebles en España han mostrado una tendencia al alza en los últimos quince años. Las sucesivas leyes de vivienda parecen haber tenido un impacto bastante residual en esta tendencia. En 2018 se aprueba la reforma de la Ley de Enjuiciamiento Civil (5/2018) que trata de acelerar los procedimientos de desahucio, también con un éxito relativo. La situación es España a este respecto no tiene parangón con la de los países de nuestro entorno económico (Martín Delaney, 2021).

2.4 Fiscalidad.

Con el objeto de incentivar la oferta de vivienda en alquiler, la mencionada ley 12/2023 introduce una modificación en el IRPF según el cual se introducen deducciones en el IRPF del Arrendador, que serán de mayor proporción (hasta el 90%) si el alquiler cumple ciertas condiciones estipuladas, siendo la deducción de la renta ordinaria del 50%. Recordemos que, para las segundas residencias no arrendadas, se incluyen en el IRPF la renta imputada correspondiente al valor del disfrute de dicha propiedad. La ley también introduce la posibilidad de recargar el IBI a las viviendas consideradas desocupadas (de un 50% y hasta un 100% cuando se consideren desocupadas de larga duración), lo que en última estancia será una potestad municipal al ser este impuesto regulado por los municipios.

Además, resulta relevante mencionar en este punto la elevadísima fiscalidad de la transacción de la vivienda en España en comparación con otros países occidentales, ya que el tipo máximo del impuesto sobre transmisiones puede alcanzar hasta el 11% en algunas Autonomías. A esto se suma la imposición a las ganancias del capital, también por encima de la media de la OCDE, donde en la mayoría de los casos dichas ganancias quedan exentas para la vivienda habitual. En España, además, las ganancias de capital derivadas de la vivienda no se ajustan correctamente por la inflación, de manera que muchos contribuyentes pueden acabar pagando un impuesto por el decremento de valor del dinero en lugar del incremento del valor real de su activo. La tributación por sucesiones es, igualmente, bastante más elevada que en los países de nuestro entorno económico en muchos casos (se haya regulada por las CC AA) generando, además, diversos conflictos derivados de los métodos de pago y valoración de los activos (Instituto de Estudios Económicos, 2025).

2.5 Políticas de Oferta de Suelo.

Aunque sujeta a la normativa estatal y a la extensa normativa autonómica, la planificación urbanística es, en última instancia, una competencia municipal. La base legal que permite la expansión de la ciudad queda depositada en los Planes Generales Urbanísticos cuya tramitación, como señala Benabent-Fernández de Córdoba (2019) se puede dilatar con facilidad por encima de los 8 años.

Las leyes de suelo aprobadas por el Congreso durante la etapa democrática han experimentado correcciones importantes por parte del Tribunal Supremo y del Constitucional debido, fundamentalmente, a que invadían competencias autonómicas o municipales. Actualmente, está vigente el Real Decreto Legislativo 7/2015 que aprueba el texto refundido resultante, principalmente, de la Ley de Suelo de 2008 (RDL. 2/2008) y la Ley 8/2013. Mientras que la primera podría ser considerada bastante más restrictiva que sus antecesoras en lo relativo a la creación de suelo urbano (Sánchez, 2016), la segunda centra sus esfuerzos en la regeneración de espacios ya urbanizados. Existe cierto consenso político y sectorial sobre la necesidad de un cambio de rumbo legislativo (Cuesta 2025). De hecho, en Mayo de 2024 el gobierno retira del congreso el Proyecto de Ley presentado en Abril para la modificación de la Ley de Suelo, cuyo objetivo principal parecía ser el reforzamiento de la seguridad jurídica de los agentes involucrados en los procesos de urbanización (también decae un Anteproyecto de Ley en 2022, en la anterior legislatura). El principal problema parece ser que los planes urbanísticos que padezcan de algunos defectos formales corren el peligro de ser declarados nulos de pleno derecho en su totalidad.

3. RASGOS COMUNES DE LAS POLÍTICAS DE VIVIENDA CON LA CORRIENTE CONTEMPORÁNEA

En este capítulo identificaremos rasgos o características de la política de vivienda que se asemejan a las políticas económicas llevadas a cabo en otros sectores o que forman parte de una tendencia general en política económica.

3.1 La privatización de lo público

Ciertas políticas tienden a asignar a ciertos agentes derechos que antes desposeían (o eran universales) provocando, de manera implícita una redistribución de riqueza. En el caso de la vivienda, respondiendo al desarrollo aplicaciones informáticas se ha desarrollado la figura del alquiler de viviendas para uso vacacional denominado legislativamente en España con la contradictoria designación de "Vivienda de Uso Turístico" (VUT). La regulación urbanística es, en esencia, la ordenación pública de un recurso común, el espacio, que acota derechos y obligaciones de los propietarios para evitar el crecimiento desordenado. La regulación afecta tanto a la ordenación del territorio, como su volumetría y su uso.

Pese a la rigidez regulatoria de la legislación urbanística en otros ámbitos, se ha permitido -con extrema facilidad y bajo coste- que el propietario de una vivienda convierta ésta en un alojamiento vacacional. El resultado de planes urbanísticos concienzudamente desarrollados con el objeto de prestar de manera equilibrada y eficiente multitud de servicios e infraestructuras públicas (transporte público, recogida de residuos, distribución de centros educativos y sanitarios, etcétera) puede ser caprichosamente alterado por los propietarios sin que éstos adquieran la obligación de compensar al resto.

3.2 La socialización de lo privado

En abierto contraste con lo anterior, ciertas políticas también socializan derechos de uso de la propiedad privada arrebatándole al propietario la capacidad de decidir sobre las características o atributos de su bien. En el mercado de la vivienda parece estar incubándose una estrategia normativa de este tipo en lo relativo a las exigencias energéticas (aunque podría también recordarse como la Ley de costas ya permite, desde hace décadas, algo parecido a la expropiación de bienes a cambio de un derecho de uso de éstos, lo que a todas luces no se puede considerar un justiprecio).

No obstante, en España es el fenómeno de la ocupación ilegal de viviendas el que refleja en mayor medida hasta qué punto recae sobre algunos propietarios de viviendas, de manera un tanto caprichosa, la obligación de suplir las políticas sociales que en todo estado de derecho que se precie son competencia del sector público. No solo la lentitud en los procesos de desahucio y la falta de compensación por parte del erario tras meses o años prestando alojamiento a familias en situación de vulnerabilidad, sino también la obligación de asumir, sin límites razonables ni regulación al respecto, los costes de los suministros consumidos por los ocupantes. La sorprendente complicidad del sector público, incluido el judicial, con la perpetuación de esta situación alimenta una sensación de inseguridad jurídica impensable en cualquier otro país de nuestro entorno económico.

3.3 La confusión entre el cambio climático y otros objetivos medioambientales

Las políticas destinadas a una menor emisión de gases contaminantes a menudo confunden objetivos que, si bien relacionados entre ellos, son de distinta naturaleza y que a menudo sugieren soluciones distintas. El calentamiento global es un fenómeno global mientras que la contaminación atmosférica o la política energética son fenómenos locales. La contribución de las viviendas al calentamiento global se produce principalmente mediante el uso de energías producidas con emisión de gases de efecto invernadero, directamente (calderas, etc.) o mediante el consumo de electricidad producida con emisiones. La normativa emergente hace mucho hincapié en la necesidad de incorporar la generación de energías limpias (solar fotovoltaica) en las viviendas. Sin embargo, las exigencias de aislamiento lo que contribuyen es a un menor consumo de energía en general, independientemente de cuál sea su origen.

Resulta evidente que de manera solapada se están persiguiendo objetivos relacionados con las políticas estratégicas en materia de energía o incluso con la regulación de los estándares de calidad. Indicios de lo anterior podrían ser el hecho de que las normativas estén más más ligadas a las características del activo que a su uso y que no se consideren las emisiones generadas en el proceso de reformas que parece querer imponer la normativa europea.

3.4 La regulación retroactiva y la percepción de inseguridad jurídica

El establecimiento de normas que afectan a decisiones tomadas con anterioridad genera, evidentemente, un deterioro de la percepción de seguridad jurídica de los agentes afectados frente a los poderes públicos. El establecimiento de normas retroactivas se está convirtiendo en un recurso cada vez más utilizado por los gobernantes. El "modus operandi" suele ser comenzar con normativas de amplia aceptación social y reducido número de afectados, para conseguir una opinión favorable a la intromisión pública en el patrimonio privado. Una vez establecido un cierto consenso acerca de la idoneidad de la regulación pública, ésta se amplía progresivamente su ámbito de alcance.

Aunque es pronto para contemplar en qué normas concretas se traducen las exigencias de la Directiva (UE) 2024/1275 en nuestro país, queda claro que será necesario implementar medidas extremadamente coercitivas si se quieren alcanzar los objetivos establecidos. En lo relativo a la seguridad jurídica del alquiler también se observan la retroactividad de algunas normas. A modo de ejemplo, los sucesivos "decretos antidesahucios" reformulan la validez de las condiciones pactadas previamente en los contratos de arrendamiento.

3.5 La regresividad en la fiscalidad y la regulación

La introducción de normativas que limitan el libre uso de un bien o activo afectan, irremediablemente, al precio o valor de dicho activo tanto en términos absolutos como relativos a los semejantes no afectados.

Las políticas señaladas a lo largo de este trabajo han venido reforzadas de incentivos fiscales, que son casi siempre enormemente regresivos, es decir, favorecen a los habitantes de mayor renta. A modo de ejemplo, los ayuntamientos españoles tienen la potestad de incluir bonificaciones en el IBI de acuerdo con la clasificación energética de las viviendas. También, las políticas de certificación de activos del BCE han conseguido que los bancos comerciales otorguen hipotecas con condiciones ventajosas a viviendas con certificados energéticos más eficientes. Las subvenciones (placas solares, rehabilitación, etc.) también suelen favorecer a las rentas más altas, y pueden contribuir a generar una percepción de exclusión en los ciudadanos que no tienen la autonomía financiera para decidir libremente sobre la calificación energética de su vivienda. Además, la eficacia de este tipo de incentivos fiscales suele ser menor, lógicamente, cuando se aplican a ciudadanos de rentas más altas (Sheldon y Dua 2019)

3.6 La eliminación de la diversidad.

La regulación expuesta en el capítulo 2 a menudo implica la imposición de manera más o menos explícita de patrones de comportamiento homogéneo. En el caso de las viviendas, las políticas van dirigidas a un modelo de vivienda muy concreto en la que prime el aislamiento térmico frente a otras variables. La rigidez de las normas puede descartar ciertos diseños y tamaños, técnicas de construcción y materiales. Pero también la fiscalidad desaconseja ciertos estilos de vida en lo relativo a la vivienda. Por ejemplo, resulta más gravoso impositivamente ser arrendador de una vivienda en propiedad mientras se vive en otra como arrendatario frente a vivir en la propia vivienda, lo que a su vez desincentiva la movilidad laboral. También se desincentiva ser propietario de dos viviendas de bajo valor frente a residir en una sola de valor equivalente, o de viviendas cuya valoración puede ser subjetiva o volátil, que resultan bastante desaconsejables de cara a afrontar el Impuesto de Sucesiones. La actual preocupación por el fenómeno de la ocupación ilegal también aconseja ciertos patrones de comportamiento, tanto para la propiedad de segundas residencias como para las condiciones de arrendamiento y el perfil de los inquilinos.

3.7 La superposición de niveles de la administración

Observamos en prácticamente todos los aspectos de las políticas económicas expuestas en el Capítulo 2 cómo se produce una participación de diversos niveles de la administración pública en la regulación. Esta situación puede generar un desconcierto al votante que a menudo desconoce a qué administración debe "castigar" o "recompensar" con su decisión sobre el voto, y genera multitud de problemas legales. El caso de las sucesivas sentencias del Tribunal Supremo sobre las leyes de suelo, no es solo un buen ejemplo de dicha superposición, sino que sugiere la necesidad de replantearse una revisión de la distribución de competencias. Claramente, la coordinación de los ayuntamientos con los niveles superiores de la administración resulta complicada, y la regulación municipal de la ordenación implica numerosas externalidades entre municipios vecinos que recomienda un mayor protagonismo de una administración superior.

La regulación de la imposición en España (y en la UE) abusa del mecanismo en el que las figuras impositivas están reguladas por una normativa nacional que permite cierto margen de maniobra a las autonomías o ayuntamientos (IBI, IRPF, ISD o ITPAJD en el caso de la vivienda, entre otros). En muchos casos parece necesario volver a cuestionarse si es adecuada la autonomía impositiva en algunas de estas figuras, pues se generan situaciones discriminatorias, en particular cuando el sujeto pasivo del impuesto no es votante de la administración que regula el impuesto (IBI, ITPAJD de no residentes).

4. CONCLUSIONES

Hemos repasado cómo algunas de las principales tendencias legislativas en el mercado de la vivienda presentan bastantes rasgos o características comunes con otras áreas de política económica que se están implementando en España, en la mayor parte de los casos como consecuencia de la transposición de normativas europeas. Precisamente, las últimas oleadas del Eurobarómetro reflejan un nivel de satisfacción de los ciudadanos con las instituciones de la Unión Europea notablemente superior al de hace una década. Sin embargo, la percepción sobre la prestación de servicios públicos recogida en el Eurobarómetro sí se ha visto deteriorada en relación con la observada en 2015 y la preocupación relativa por el coste de la vida, la vivienda o la situación económica se ha visto incrementada significativamente.

Ciertos aspectos de la manera en la que se ejecutan las políticas económicas adolecen de una cierta impopularidad en la opinión pública. Algunos de estos aspectos o características relativas a la regulación del mercado (o los mercados) de la vivienda han sido examinados en este texto y se han enmarcado entre principales acciones de política de vivienda implementas en España en los últimos años. El análisis sugiere cierto replanteamiento, no tanto del fin último de las políticas implementadas, sino de los procesos, los medios y la velocidad de implementación.

5. REFERENCIAS BIBLIOGRÁFICAS

BCE (2020) Guide on climate-related and environmental risks Supervisory expectations relating to risk management and disclosure.

BCE (2022) Good practices for climate-related and environmental risk management. Observations from the 2022 thematic review. ISBN 978-92-899-5407-5, doi:10.2866/417808

Benabent-Fernández de Córdoba, M. (2019) La insoportable rigidez del Plan General Urbanístico. La necesidad de un cambio de Modelo. Ciudad y Territorio- Estudios Territoriales, vol. LI, nº 201, pp. 451-466.

Cuesta, A. Y. (2025). La" non nata" reforma de la Ley del Suelo. Revista de Derecho Urbanístico y Medio Ambiente, 59(379), 125-178.

Elderson (2024) Energy performance data–a must-have for managing climate-related credit risk. SPEECH Member of the Executive Board of the ECB and Vice-Chair of the Supervisory Board of the ECB, at the ECB conference real estate climate data industry good practices

Elderson (2025) Banks have made good progress in managing climate and nature risks – and must continue. ECB Blog, 11 July 2025 (https://www.ecb.europa.eu/press/blog/date/2025/html/ecb.blog20250711~f5c6a0259f.en.html accedido el 16/09/2025)

Fontana, A., Jarmulska, B., Schwarz, C., Scheid, B. A., & Scheins, C. (2025). From flood to fire: is physical climate risk taken into account in banks' residential mortgage rates?. ECB Working Paper No. 2025/3036

Gavilán, A. (2024). El mercado de la vivienda en España: Evolución reciente, riesgos y problemas de accesibilidad. Comparecencia del Director General de Economía del Banco de España ante la Comisión de vivienda y agenda urbana. Congreso de los Diputados. Madrid 18 de noviembre de 2024

Gil Marín, J. (2025). Aviso a los propietarios: la condición que deben cumplir para poder alquilar o vender su vivienda a partir de 2030. Publicado en "el debate.com", accedido el 06/10/2025 en : https://www.eldebate.com/economia/vivienda/20250827/aviso-propietarios-condicion-deben-cumplir-poder-alquilar-vender-vivienda-partir-2030_328540.html

Giuzio, M., Krusec, D., Levels, A., Melo, A.S., Mikkonen, K, & Radulova, P. (2019) Climate change and financial stability. Financial Stability Review May 2019 , pp. 120-133.

EUROVAL (2025) Precios Mínimos y Máximos. Octubre 2025. Madrid: Instituto de Análisis Inmobiliario.

Instituto de Estudios Económicos (2025) La fiscalidad de la vivienda en España. Una propuesta de mejora. Madrid: IEE.

Khametshin, D., López-Rodríguez, D., & Pérez García, L. (2024). El mercado del alquiler de vivienda residencial en España: evolución reciente, determinantes e indicadores de esfuerzo. Documentos Ocasionales/Banco de España, 2432.

Sánchez, D. F. D. G. (2016). Real Decreto Legislativo 7/2015, de 30 de octubre, por el que se aprueba el texto refundido de la Ley de Suelo y Rehabilitación Urbana [BOE n. º 261, 31-X-2015]. AIS: Ars Iuris Salmanticensis, 4(1), 234-236.

Sheldon, T. L., & Dua, R. (2019). Measuring the cost-effectiveness of electric vehicle subsidies. Energy Economics, 84, 104545.

El problema de la vivienda en España: la dinámica de la oferta y la demanda privadas y la necesidad de mercados públicos para un bien esencial

RUBÉN GARRIDO-YSERTE
Instituto Universitario de Análisis Económico y Social
Universidad de Alcalá
MARIA TERESA GALLO –RIVERA
Instituto Universitario de Análisis Económico y Social
Universidad de Alcalá

1. INTRODUCCIÓN.

El acceso a la vivienda es un problema global que afecta, especialmente, a Europa y España, donde el aumento de precios en la última década ha superado el crecimiento salarial, dificultando que muchas familias, y no solo las vulnerables, y las personas jóvenes puedan adquirir o mantener una vivienda, especialmente, en entornos urbanos.

Como reconoce recientemente la Comisión de la UE en cuyo nuevo mandato, las políticas de vivienda quieren adquirir un papel protagonista en un ámbito antes reservado a los Estados miembros: "*La asequibilidad de la vivienda se ha convertido en un problema crítico en la UE, que afecta a millones de familias, jóvenes y otras personas que no pueden acceder a una vivienda adecuada a un precio asequible. El problema no se limita a los grupos de renta más baja, sino que ahora también afecta a un sector más amplio de la sociedad. Existen diversas razones para ello, como el aumento de la demanda en las zonas urbanas, el aumento de los costes de la vivienda (como los altos costes de la factura energética), la escasez de oferta de vivienda, el envejecimiento del parque inmobiliario, las disparidades económicas regionales y los alquileres turísticos de corta duración*".

En respuesta a la grave crisis de la vivienda, la Comisión ha nombrado a un Comisario de Vivienda y ha creado un grupo de trabajo sobre vivienda asequible para coordinar las líneas de trabajo de la Comisión en materia de vivienda y presentará en 2026 un Plan Europeo de Vivienda Asequible para complementar las políticas e iniciativas de los Estados miembros y los gobiernos regionales y locales en materia de vivienda, respetando al mismo tiempo el principio de subsidiariedad en el sector de la vivienda y teniendo en cuenta los diversos intereses de las numerosas partes interesadas pertinentes[1].

España no es ajena a esta problemática. Al contrario, es una de las economías europeas donde la trampa de la vivienda se manifiesta con más crudeza. Si en la UE27, los precios de la vivienda han subido un 20% por encima de la inflación, en España esta cifra se sitúa en el 28%, pero no permite ver con total claridad el problema que se concentra sobre todo en las grandes ciudades españolas, donde se aglomera cada vez más población y empleos. Esta "nueva trampa" de la vivienda se ilustra bien a partir del Barómetro del CIS que sistemáticamente muestra que la vivienda es una de las principales preocupaciones de los españoles. En el último barómetro disponible de julio de 2025, la vivienda es el principal problema de los tres más importantes, según los encuestados. Y, personalmente, es el más importante para los jóvenes menores de 35 años, cifra que aumenta si atendemos al tamaño de los municipios donde vive el encuestado (grafico 1)[2].

Gráfico 1. ¿Cuál es, a su juicio, el principal problema que existe actualmente en España? ¿Y el segundo? ¿Y el tercero?

(Pregunta 10R del cuestionario, datos acumulados)

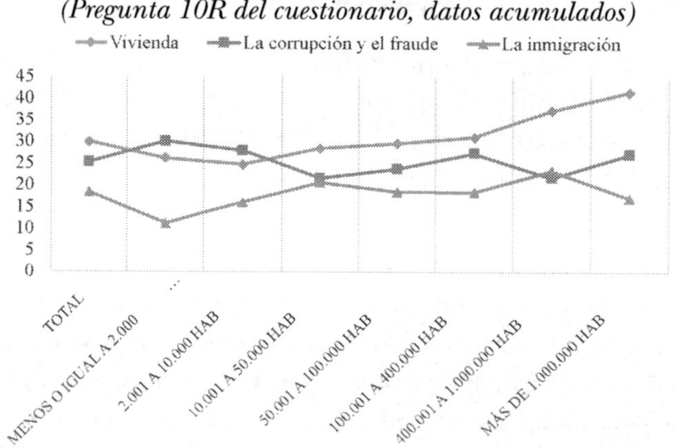

Fuente: Elaboración propia. CIS (2025). Barómetro julio 2025.

---

1 La Comisión está procediendo en el segundo semestre de 2025 a una revisión de las normas sobre ayudas estatales a los servicios de interés económico general (SIEG). De esta manera, se pretende habilitar a los países de la UE la concesión de ayudas a las viviendas asequibles y eficientes desde el punto de vista energético de una manera más rápida y sencilla. Tras una evaluación, la Comisión introducirá también varias modificaciones de carácter técnico y está procediendo además a abordar el concepto de "asequibilidad" para distinguirlo del de vulnerabilidad más ligada a la vivienda social de colectivos específicos ligados con la pobreza. (Comisión Europea, 2025a).

2 Pregunta 10R del Barómetro del CIS, cruzada por variables sociodemográficas.

Estos problemas en el acceso a la vivienda no son nuevos, pero sí se han agudizado en los últimos años, con una pujanza por el lado de la demanda que no tiene la misma respuesta por el lado de la oferta con un nivel de la inversión residencial en España que "se situó en el 5,7% del PIB, porcentaje inferior al 6,1% de la UEM y por debajo de los promedios anuales que se observaron en las décadas de 1980 y 1990 —en torno al 6,5%— (según destaca el Banco de España en su informe anual de 2023) (Banco de España, 2024)[3].

2. LA VIVIENDA COMO BIEN DE USO Y COMO BIEN DE INVERSIÓN: ¿UN DIFÍCIL ENCAJE PARA EL MERCADO?

La vivienda es un bien extremadamente complejo. Por un lado, el acceso a la vivienda es un derecho de ciudadanía consagrado en la mayoría de las constituciones (el artículo 47 en el caso de la Constitución Española). Es un derecho humano universal que se ha ido erosionando con el paso del tiempo, conforme se imponía la visión de la vivienda, como bien económico de inversión, más ligado a los productos financieros y a la rentabilidad y, por tanto, con un precio que se ve más condicionado por esta consideración y, no tanto, por su valor de uso. Prueba de ello es que esta doble condición de bien de inversión y "de consumo" entra en contradicción en numerosas zonas geográficas con un atractivo turístico importante que ha atraído a inversiones en vivienda turística, desplazando por precio y localización al uso residencial tradicional.

Además, su provisión (tanto en régimen de propiedad como de alquiler) se ha confiado principalmente al mercado, que a su vez muestra importantes regulaciones en términos tanto de suelo y urbanismo como de edificación, aunque con evidentes fallos a tenor de la dinámica de los precios que muestra una respuesta pública insuficiente y no eficiente, para evitar que se haya producido tal escalada que en muchas zonas puede hablarse de emergencia

3 Sin embargo, aunque la problemática de acceso a la vivienda está afectando con mayor intensidad a la población de las grandes zonas urbanas-metropolitanas, esta ha alcanzado también a las zonas rurales, pero con características diferentes, y no tan relacionadas con el problema de los precios y del sobresfuerzo consecuente que hacen los hogares para acceder a una vivienda en propiedad o en alquiler (Khametshin et al., 2024, Esparcia, 2021). El problema del mercado de la vivienda en las zonas rurales no radica tanto en su inexistencia, aunque el mercado de alquiler sea prácticamente nulo, sino en la falta de viviendas dignas de ser habitadas, como ya dijimos en un "Análisis de actualidad sobre Política Económica y Social" en la Cátedra del mismo nombre de la Universidad de Valencia (Garrido-Yserte y Gallo-Rivera, 2024).

habitacional y, en términos medios, supone un claro empobrecimiento de la clase media urbana, que tiene problemas de accesibilidad crecientes.

Cabe destacar que el acceso a la vivienda está profundamente condicionado por las dinámicas de oferta y demanda, que interactúan en un mercado marcado por tensiones y desequilibrios, condicionados a su vez por la dimensión territorial (la localización es un factor clave a la hora de explicar las dinámicas de los mercados de vivienda). Los determinantes que configuran estas dos dimensiones no solo tienen un impacto directo en la capacidad de las personas para acceder a una vivienda, sino que también contribuyen a los desajustes estructurales del mercado habitacional y muestran la necesidad de establecer una política económica integral en este sector clave.

Los desajustes estructurales en el acceso a la vivienda: ¿cuestión de demanda y/o de oferta?

Esta doble naturaleza, bien de uso o de consumo y bien de inversión que puede generar rendimientos (por alquileres o plusvalías) y depósito de valor, ya que suele representar una parte importante del patrimonio de los hogares, se refleja en la demanda y en las decisiones de los agentes. La demanda de vivienda no proviene únicamente de familias que buscan un lugar donde vivir (demanda por necesidad habitacional), sino también de inversores que adquieren inmuebles esperando una rentabilidad, sea mediante ingresos de alquiler o mediante la revalorización futura del inmueble.

En el caso español, esta realidad es palpable: muchas viviendas se compran para ser alquiladas a terceros o incluso para destinarse al pujante mercado turístico (alquiler vacacional), especialmente en zonas urbanas y costeras de alta afluencia. Por ello, "la vivienda responde a ambas realidades" –consumo e inversión– y cualquier análisis de precios o de accesibilidad debe considerar las dos facetas de la demanda.

Desde la perspectiva teórica de la **demanda**, varios factores económicos influyen en cuántas viviendas se quieren o pueden adquirir o alquilar a determinados precios. En primer lugar, los **ingresos de los hogares**: la renta disponible es determinante para la demanda de vivienda como bien de uso. La vivienda es un bien superior cuyo consumo (medido, por ejemplo, en metros cuadrados por persona o en tasa de propietarios) suele aumentar con la renta. Un mayor ingreso permite acceder a viviendas de mayor tamaño o calidad, o formar nuevos hogares independientes.

Dado que la compra de vivienda suele financiarse con hipotecas, la demanda es muy sensible al coste y a la disponibilidad del crédito. Tipos de interés bajos reducen el coste mensual de las hipotecas y tienden a elevar la demanda (y el precio máximo que los compradores pueden pagar), mientras que alzas de tipos encarecen la financiación y la frenan. Además, los requisitos crediticios (por ejemplo, porcentajes de entrada exigidos, solvencia del prestatario) definen qué proporción de hogares puede endeudarse para comprar; si los precios suben por encima de lo que los bancos financian, muchos demandantes (especialmente jóvenes sin ahorros) quedan excluidos y solo pueden acudir al mercado del alquiler.

El crecimiento de la población (sea por natalidad, expectativa de vida o flujos migratorios), la disminución del tamaño medio de los hogares y la tasa de emancipación determinan cuántos hogares nuevos se forman y, por tanto, cuánta vivienda adicional se demanda como bien de uso. España ha experimentado cambios importantes: tras un estancamiento demográfico en la década de 2010, en años recientes la inmigración neta y cierta recuperación de la natalidad han acelerado el aumento de hogares. El Banco de España estimaba en 2024 la creación anual de unos **180.000 nuevos hogares**, cifra muy superior al ritmo de viviendas nuevas terminadas. Esto genera una demanda estructural que, de no ser satisfecha por la oferta, ejerce presión alcista sobre los precios. La distribución geográfica también importa: la migración interna hacia grandes ciudades o zonas costeras turísticas incrementa la demanda local en esas áreas, a menudo más rápido de lo que la oferta local puede ajustarse.

Tradicionalmente, España ha sido un país de alta preferencia por la **vivienda en propiedad**. Según datos de Eurostat (2025), el 73,7% de los españoles vive en una vivienda en propiedad frente al 64,5% de la media de la Eurozona.

Estas preferencias influyen en la demanda: muchos hogares hacen esfuerzos financieros considerables para comprar vivienda, asumiendo deuda, porque esperan beneficios a largo plazo (estabilidad, evitar alquileres futuros, plusvalías). Asimismo, las expectativas de revalorización pueden alimentar la demanda inversora y especulativa: si se cree que "los precios siempre suben", la vivienda es un bien refugio, lo que a su vez retroalimenta la subida de precios[4].

El estancamiento salarial de ciertos colectivos y la precariedad laboral de los jóvenes han limitado su capacidad de formar hogares y han elevado la edad media de emancipación, incidiendo en la demanda efectiva de viviendas accesibles (Banco de España, 2024). Además, la desigual evolución de salarios frente a precios de la vivienda (véase el gráfico 2) ha incrementado

---

4 En España hubo claros indicios de este comportamiento durante la burbuja inmobiliaria de 2000-2007, cuando la compra de segundas residencias o pisos "para invertir" se disparó alimentando la espiral alcista de precios.

el **esfuerzo financiero** necesario para comprar o alquilar. En España se tuvo que dedicar íntegramente el sueldo bruto de 85 meses, es decir, 7,1 años, al pago de una vivienda comprada en 2024, basado en los datos de los sueldos medios de las ofertas de empleo de la plataforma InfoJobs y en los precios medios de la vivienda de segunda mano en venta del Índice Inmobiliario Fotocasa (Infojobs-Fotocasa, 2025).

Gráfico 2. Variación anual de los salarios y del precio de la vivienda en venta en España

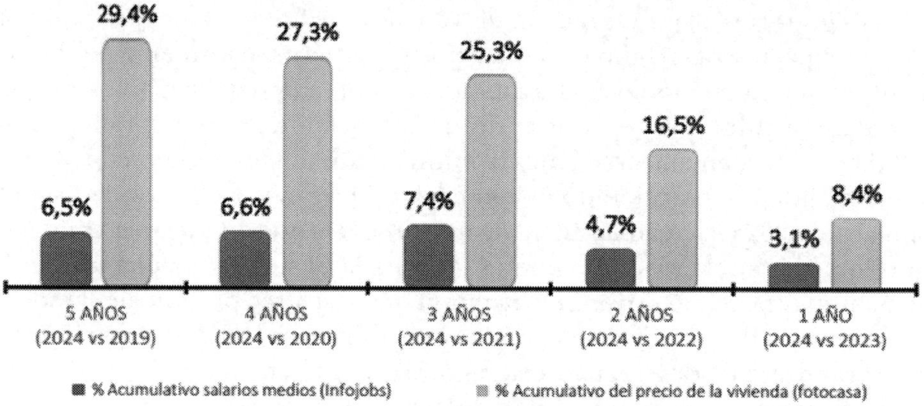

	% Acumulativo salarios medios (Infojobs)	% Acumulativo del precio de la vivienda (fotocasa)
5 AÑOS (2024 vs 2019)	6,5%	29,4%
4 AÑOS (2024 vs 2020)	6,6%	27,3%
3 AÑOS (2024 vs 2021)	7,4%	25,3%
2 AÑOS (2024 vs 2022)	4,7%	16,5%
1 AÑO (2024 vs 2023)	3,1%	8,4%

Fuente: InfoJobs-Fotocasa (2025)

Esta brecha ingresos-vivienda restringe la demanda entre quienes no pueden pagar los precios vigentes o han de buscar soluciones habitacionales como alternativa, como el alquiler – cuya evolución está claramente conectada con el mercado de propiedad – o el uso de pisos compartidos. Además, también hace que surjan mercados nuevos como el de compraventa de habitaciones y la figura de copropietarios ante la imposibilidad de compra de la totalidad del inmueble.[5]

Es importante reconocer que la causa del alza de los precios no sólo se encuentra en la demanda, aunque son las pulsiones de la misma las que suelen explicar el crecimiento, ante un mercado con una oferta mucho más rígida, que reacciona de manera más lenta. Aunque esto sea cierto, no debe inferirse que las políticas públicas deben actuar sólo sobre la demanda. De hecho, los estímulos a la demanda deben calibrarse cuidadosamente para no simplemente trasladarse a aumentos de precio si la oferta es rígida (Banco de España, 2024).

---

5 Véase por ejemplo, la página web habitacion.com

Conviene recordar que hay factores de **oferta** muy relevantes que determinan tanto el volumen como el precio al que se ofrece vivienda en venta o alquiler. En todo caso, las características de la oferta muestran que su elasticidad es bastante menor que la demanda, con las consecuencias sobre la dinámica de precios que observamos.

La vivienda, a diferencia de otros bienes, requiere suelo (terreno) donde edificarse, y la cantidad de suelo **en buenas ubicaciones** es finita. En un país con dinámicas poblacionales tan desequilibradas como España, esto es especialmente relevante. Esto es importante tenerlo en cuenta, ya que muchas veces se habla de viviendas disponibles con el estallido de la burbuja que están donde la gente no quiere vivir. Por otra parte, las normativas urbanísticas (planeamiento municipal, clasificación de suelo, coeficientes de edificabilidad, etc.) determinan cuánta tierra puede destinarse a uso residencial y con qué densidad, lo cual condiciona fuertemente la oferta de nueva vivienda. Regulaciones estrictas que limitan la expansión urbana o la altura de los edificios, y sobre todo procesos largos para recalificar suelo rústico en urbanizable, pueden restringir la oferta y encarecer el suelo disponible (Colliers y APCE, 2024).

Otro aspecto determinante de la oferta son **los costes de construcción y la capacidad productiva (estructura y productividad)**. El precio al que los promotores pueden ofrecer viviendas nuevas depende de los costes de construirlas (materiales, mano de obra, licencias, impuestos) y del margen requerido. En los últimos años se ha observado un fuerte aumento de los **costes de construcción**, por encarecimiento de materias primas, energía y escasez de mano de obra especializada[6]. De hecho, tras la crisis de 2008, el sector de la construcción en España redujo su tamaño –el empleo en construcción cayó un 45% desde 2008– y muchas empresas desaparecieron, de modo que la capacidad constructiva tardó en recuperarse. Actualmente se construye **siete veces menos viviendas que hace 15 años**, según la patronal, reflejando una oferta mucho más lenta. La **baja productividad del sector de la construcción y su fragmentación** (muchas pequeñas promotoras de ámbito local) también influyen en que la oferta no responda con elasticidad a aumentos de demanda[7].

La importancia de los aspectos legales y fiscales resultan clave para la oferta de viviendas, ya que afectan a los propietarios de viviendas, tanto para uso como para inversión, y son esenciales a la hora de diseñar políticas des-

---

6 Ver varios documentos de la Confederación Nacional de la Construcción, por ejemplo, APCE (2025).

7 Hay estudios como el del Mckinsey, 2014 que destacan la importancia de modernizar e industrializar la construcción para agilizar esta respuesta.

de el lado de la oferta, especialmente por las complementariedades entre los mercados de compra y alquiler y, dentro de esta última opción, entre el alquiler de larga duración y el ocasional.

La oferta de vivienda en alquiler depende de cuántos propietarios estén dispuestos a poner sus inmuebles en el mercado arrendaticio y bajo qué condiciones. Factores como la seguridad jurídica (protección frente a impagos u ocupaciones ilegales, rapidez de desahucios) y la rentabilidad neta (influyen los impuestos sobre los alquileres o propiedad) inciden en la disposición a alquilar. Si arrendar se percibe como arriesgado o poco rentable, muchos propietarios pueden optar por mantener viviendas vacías o destinarlas a otros usos (por ejemplo, alquiler turístico de corto plazo, que conlleva menos regulación en ciertos aspectos). En España, tradicionalmente ha habido cierta desconfianza hacia el mercado del alquiler –por miedo a la morosidad o a regulaciones cambiantes–, lo que unido a la alta tasa de propiedad ha resultado en un mercado de alquiler pequeño y dominado por particulares no profesionalizados (Banco de España, 2024). Cerca del 85-90% de las viviendas en alquiler pertenecen a pequeños propietarios individuales, no a empresas o fondos. Esta atomización impide economías de escala en la gestión y en ocasiones se traduce en menor oferta profesional.

Otro factor determinante de la oferta es la **inversión pública en vivienda y la superación del reto que tiene el Estado de gestionar la escasez a ser proveedor o facilitador de soluciones.**

España se ha caracterizado por un parque público o social muy reducido: apenas un **1,5% del total de viviendas principales** son de alquiler social propiedad pública, muy por debajo del promedio de economías avanzadas o de la media europea que es del 9% (Comisión Europea, 2025b).

La escasa aportación pública en España ha dejado casi toda la responsabilidad de construcción al sector privado, cuyo incentivo es maximizar beneficios construyendo preferentemente vivienda de precio medio-alto (donde obtiene mayor rentabilidad). Así, en los últimos años la oferta nueva se ha orientado a compradores de renta media-alta o inversores, más que a vivienda asequible para rentas bajas. Este sesgo deja desatendido el segmento de vivienda económica, provocando que el déficit sea principalmente de **vivienda asequible** *más que de vivienda en general* (Urrestarazu, 2024).

3. LA POLÍTICA PÚBLICA PARA UNA VIVIENDA ASEQUIBLE: EL CONCURSO DE TODAS LAS PARTES Y EN TODOS LOS FRENTES

La respuesta de los poderes públicos al problema de la vivienda en España ha cobrado especial protagonismo en los últimos años, con un debate intenso a nivel nacional, autonómico y local. Tradicionalmente, la política de vivienda española se había centrado en fomentar la propiedad (vía desgravaciones fiscales y viviendas protegidas en venta) más que en crear un amplio parque público de alquiler como en otros países. Sin embargo, ante la emergencia de accesibilidad, se han impulsado nuevas medidas que abarcan desde la regulación del alquiler y la protección de inquilinos, hasta planes para construir vivienda social, reformas legislativas de suelo, incentivos fiscales, etc. A continuación, se revisan las principales **políticas públicas recientes en España** (Banco de España, 2024).

Nueva Ley por el Derecho a la Vivienda (2023). En mayo de 2023 se aprobó la primera ley estatal de vivienda de la democracia, con el objetivo declarado de frenar los precios del alquiler y aumentar la oferta asequible. Entre sus medidas clave están: limitar la subida anual de alquileres (tope del 2% en 2023 y 3% en 2024, con creación de un nuevo índice de alquiler para 2025), facultar a las CCAA para declarar *"zonas de mercado residencial tensionado"* donde se aplican controles más estrictos (por ejemplo, congelación o bajada de rentas en nuevos contratos respecto al contrato anterior, en el caso de grandes tenedores), ampliar la duración de los contratos de alquiler (de 5 a 7 años si el arrendador es persona jurídica), y redefinir *"gran tenedor"* bajando su umbral de 10 a 5 viviendas en zonas tensionadas. También prohíbe la venta de vivienda pública a fondos de inversión (para evitar casos como las ventas de VPO que ocurrieron en Madrid en 2013) y contempla la posibilidad de que ayuntamientos apliquen recargos en el IBI a viviendas vacías para incentivar su salida al mercado.

Esta ley ha sido objeto de controversia. Por un lado, sus defensores argumentan que brinda **alivio a inquilinos** asfixiados y que evitará subidas abusivas en áreas calientes, además de aumentar la seguridad y estabilidad en la tenencia de alquiler. Sus detractores, en cambio, temen que la regulación de precios desincentive a propietarios privados, reduciendo la oferta de alquiler (lo que a medio plazo podría incluso encarecer los alquileres disponibles). La evidencia internacional sobre controles de renta sugiere que, si bien los topes pueden dar alivio inmediato a los actuales inquilinos, a la larga pueden contraer la oferta y producir mercados duales. Por ello, organismos como el FMI han recomendado cautela: el **FMI desaconseja implantar topes generalizados al alquiler** si estos pueden reducir la oferta, y en su lugar insiste en atacar el problema vía aumento de la oferta de vivienda[8]. La Ley de Vivienda española incorpora algunos resguardos (por ejemplo, los incentivos fiscales del IRPF para pequeños arrendadores que bajen rentas, o exceptuar del control a viviendas de nueva construcción durante 10 años), pero su impacto real deberá medirse en los próximos años.

Conscientes del escaso parque público, distintas administraciones lanzaron planes para incrementar la vivienda social o asequible en alquiler. El Gobierno central anunció en 2023 el **Plan de Vivienda de Alquiler Asequible (PVAA)**, con la meta de agregar **184.000 viviendas** *públicas o asequibles al parque en varios años.*

Sin embargo, las magnitudes son desafiantes: **lograr 184.000 viviendas asequibles nuevas** implicaría multiplicar varias veces la tasa histórica de construcción de VPO. De hecho, en 2022-2023 apenas se calificaron definitivamente unas 9.000 viviendas protegidas al año en España, de las cuales solo 25-30% eran para alquiler. El Banco de España calcula que alcanzar en una década un nivel de parque social similar al europeo medio (en torno al 9% del total de viviendas) demandaría proveer **1,5 millones de viviendas sociales nuevas**, lo que supone **triplicar la producción anual de viviendas** respecto a los últimos años.

En cualquier caso, el reconocimiento del problema ha llevado a **movilizar recursos públicos**: por ejemplo, el Gobierno central anunció la **cesión de suelo público** para 20.000 viviendas de alquiler barato, la conversión de 14.000 pisos de SAREB en alquiler social (objetivo todavía en desarrollo) y la creación de un bono de alquiler joven (subsidio de 250€ al mes para jóvenes de bajos ingresos) para ayudar en el ínterin. Algunas CCAA también han lanzado sus propios planes, como la Generalitat de Cataluña con la empresa pública AVLL for land development, o el País Vasco que desde hace tiempo tiene el programa **Bizigune** para captar viviendas vacías de particulares garantizando alquiler social.

En paralelo, el Estado y las comunidades autónomas han impulsado programas para **incrementar el parque público y asequible de alquiler**, destacando el Plan de Vivienda de Alquiler Asequible (PVAA), que pretende añadir 184.000 unidades mediante construcción directa, movilización de activos de la SAREB y convenios con entes locales. Entre las estrategias complementarias se incluyen **colaboraciones público-privadas** (Trilla, 2024; García-Montalvo, Raya y Sala Roca, 2024). La idea es implicar a promotores privados mediante incentivos como la cesión temporal de suelo público, garantías parciales de financiación o subvenciones. Expertos sugieren modelos similares a los británicos o con

---

8 Véase FMI (2025).

fondos de inversión éticos, siempre buscando equilibrar el beneficio privado con el interés social. Con apoyos adecuados, como avales que reduzcan riesgos, sería posible atraer inversión institucional hacia el alquiler asequible.

También la **cesión de suelos públicos** en derecho de superficie, **incentivos fiscales** a arrendadores que reduzcan rentas, y **reformas legislativas** para agilizar licencias y ampliar suelo urbanizable. Asimismo, las **medidas fiscales** se han reorientado desde el estímulo a la compra hacia el fomento del alquiler y la penalización de viviendas vacías, junto con la supresión de instrumentos considerados especulativos, como la "Golden Visa".

El FMI en su evaluación 2025 enfatizó que **acelerar y simplificar permisos** puede ayudar a ampliar la oferta en el corto plazo. También sugiere impulsar definitivamente la reforma del suelo para *optimizar la planificación urbana y ampliar el suelo urbanizable*, sobre todo en zonas donde la escasez de suelo es un cuello de botella (grandes urbes). Otra medida, ya aplicada en algunas comunidades, ha sido elevar los porcentajes obligatorios de reserva de suelo para vivienda protegida en nuevos desarrollos: por ejemplo, exigir que en cualquier nuevo plan parcial un 40% de los metros edificables residenciales sean destinados a VPO (antes era típicamente 30%). Esto asegura que incluso en expansiones promovidas por privados, se genere cierto volumen de vivienda más económica, aunque puede encarecer ligeramente el suelo (al reducir la parte vendible a precio libre).

Medidas fiscales y financieras: En el ámbito fiscal, España ha tenido históricamente políticas de vivienda muy influidas por incentivos fiscales a la compra. Ahora, el debate fiscal gira en torno a incentivar el alquiler y penalizar usos no deseados (viviendas vacías, especulación a corto plazo). Algunas medidas en discusión o aplicadas incluyen: bonificaciones fiscales a propietarios que arrienden a precios por debajo de mercado (por ejemplo, en la Ley de Vivienda 2023 se fijaron deducciones del 90% en IRPF sobre los ingresos del alquiler si se baja la renta un 5% respecto al contrato anterior en zona tensionada), recargos de hasta 150% del IBI a viviendas desocupadas de forma permanente (facultad que la ley da a municipios), eliminación de privilegios fiscales para *socimis* o grandes tenedores en ciertos casos, y la supresión del esquema de "Golden Visa" por inversión extranjera en vivienda

Por otro lado, el **sistema tributario español en su conjunto grava bastante la vivienda.** Algunos economistas abogan por **migrar carga impositiva desde la compraventa hacia la tenencia**: subir IBI u otros impuestos recurrentes a propietarios (especialmente segundas residencias, viviendas vacías, grandes carteras) y a cambio bajar impuestos de compra para no desincentivar la movilidad residencial.

También ha habido medidas financieras específicas: el **Bono Alquiler Joven**, también varias CCAA (Madrid, Andalucía, Murcia, etc.) han lanzado programas de **avales públicos para hipotecas de jóvenes** (garantizando hasta el 20% del precio para que los bancos financien el 100% o 95%), buscando solventar la falta de ahorro de los menores de 35 años.

A nivel **autonómico y municipal**, se han desplegado políticas diferenciadas: contención de rentas (Cataluña), movilización de viviendas vacías (El País Vasco tiene un servicio público de alquiler, Alokabide), exigencias de vivienda protegida en nuevas promociones (Barcelona, Madrid), registro de grandes tenedores y amenaza con sanciones a los que no oferten alquileres asequibles en sus viviendas vacías (Valencia), limitaciones a la compra por no residentes (Baleares) y regulaciones del alquiler turístico (Madrid, Barcelona, Palma). Estas actuaciones reflejan la diversidad territorial y la tensión entre proteger el acceso residencial y mantener el dinamismo económico.

Finalmente, se reconoce la dimensión estructural del problema, vinculada tanto a la escasez de suelo como a la concentración urbana. De ahí la importancia de **políticas urbanísticas y de transporte** que amplíen el radio de accesibilidad y redistribuyan la presión de la demanda.

En conjunto, el caso español ilustra la complejidad del acceso a la vivienda en contextos de alta demanda y oferta limitada, así como la necesidad de un enfoque integral que combine regulación, inversión pública, incentivos privados y planificación territorial.

Referencias bibliográficas

Asociación de Promotores Constructores de España (APCE) (2025). (Disponible en: https://apce.es/wp-content/uploads/2025/04/Decalogo-medidas-escasez-vivienda-ante-Construmat-2025-Final.pdf)

Asociación de Promotores Constructores de España (APCE) y Colliers (2024). Necesidad de suelo en España 2024. (Disponible en: https://apce.es/wp-content/uploads/2024/11/Informe-Necesidad-de-suelo-en-Espana-2024_Nov.-2024_compressed.pdf)

Banco de España (2024). Informe Anual 2023. Abril. (Disponible en: https://doi.org/10.53479/36512)

Centro de Investigaciones Sociológicas (CIS) (2025). Barómetro Julio 2025. (Disponible en: https://www.cis.es/documents/d/cis/es3517mar_a)

Colliers y APCE (2024). Necesidad de suelo en España. (Disponible en: https://www.colliers.com/es-es/research/informe-necesidad-de-suelo)

Comisión Europea (2025a). Revisión de las normas relativas a los servicios de interés económico general, en particular, en materia de vivienda. Propuesta de iniciativa. COMP/F2 Grupo de trabajo sobre medicamentos esenciales y viviendas sociales, asequibles y eficientes desde el punto de vista energético. (Disponible en: https://

ec.europa.eu/info/law/better-regulation/have-your-say/initiatives/14708-Ayudas-estatales-Revision-de-las-normas-sobre-los-servicios-de-interes-economico-general_es)

Comisión Europea (2025b). Commission Staff Working Document 2025 Country Report–Spain Accompanying the document Recommendation for a Council Recommendation on the economic, social, employment, structural and budgetary policies of Spain {COM(2025) 209 final} (Disponible en: https://eur-lex.europa.eu/legal-content/ES/TXT/PDF/?uri=CELEX:52025SC0209)

Esparcia Pérez, Javier (2021). La despoblación: emergencia y despliegue de políticas públicas en Europa y en España. En AGE–Grupo de Geografía Rural (Ed.), Espacios rurales y retos demográficos. Una mirada desde los territorios de la despoblación (pp. 75-149). AGE (Asociación Española de Geografía). (Disponible en: https://roderic.uv.es/bitstreams/de5d94f6-8975-405f-889c-df5cc93729df/download)

Eurostat (2025) Distribution of population by tenure status, type of household and income group. (Disponible en: https://ec.europa.eu/eurostat/databrowser/view/ilc_lvho02/default/table?lang=en)

FMI (2025). IMF Executive Board Concludes 2025 Article IV Consultation with Spain, pag. 18-19. Press Release PR25/183. (Disponible en: https://www.imf.org/en/Publications/CR/Issues/2025/06/05/Spain-2025-Article-IV-Consultation-Press-Release-and-Staff-Report-567439)

García-Montalvo, J., Raya, J. M. y Sala Roca, C. (2024). "La colaboración público-privada y su relevancia cuantitativa en la mejora de la eficiencia del gasto público en el sector de la vivienda". Revista del IEE, 1, pp. 55-68. (Disponible en: https://www.ivie.es/es_ES/ptdoc/la-colaboracion-publico-privada-relevancia-cuantitativa-la-mejora-la-eficiencia-del-gasto-publico-sector-la-vivienda/)

Garrido Yserte, R. y Gallo Rivera, M. T. Las políticas de vivienda en zonas rurales ante el reto de la despoblación. Análisis de la actualidad sobre Política Económica y Social en su contexto. PES 2/2024. Cátedra de Política Económica y Social de la Comunidad Valenciana. (Disponible en: https://www.uv.es/catpescv/publicacions/analisis-pes/analisisPES_2_2024.pdf)

Infojobs- Fotocasa (2025). Relación de salarios y la compra de vivienda en 2024. Nota de Prensa. (Disponible en: https://s36360.pcdn.co/wp-content/uploads/2025/05/NdP-Espana-Comparativa-salarios-vs-precio-vivienda-2024-FC-IJ.pdf)

Khametshin, D., López-Rodríguez, D. y Pérez-García, L. (2024). "El mercado del alquiler de vivienda residencial en España: evolución reciente, determinantes e indicadores de esfuerzo". Documentos Ocasionales 2432, Banco de España. (Disponible en: https://www.bde.es/f/webbe/SES/Secciones/Publicaciones/PublicacionesSeriadas/DocumentosOcasionales/24/Fich/do2432.pdf)

Mckinsey (2014): A blueprint for addressing the global affordable housing challenge. (Disponible en: https://www.mckinsey.com/~/media/mckinsey/featured%20insights/urbanization/tackling%20the%20worlds%20affordable%20housing%20challenge/mgi_affordable_housing_executive%20summary_october%202014.ashx#:~:text=12%20Executive%20summary%20efficiencies%2C%20and,in%20encouraging%20industrial%20construction%20through)

Trilla Bellart, Carme. (2024). "La colaboración público-privada y su magnitud cuantitativa para el aumento de la eficiencia del gasto público en el sector de la vivienda en España". *Revista del IEE,* 1, pp. 78-87. (Disponible en: https://www.ieemadrid.es/sites/ceoe-iee/files/content/file/2025/02/05/31/rev1-24.pdf)

Urrestarazu Capellán, R. (2024). ¿Por qué en España no bajan los precios de la vivienda? Universidad de Málaga. The Conversation. (Disponible en: https://theconversation.com/por-que-en-espana-no-bajan-los-precios-de-la-vivienda-227644)

Inmigración y sostenibilidad del Estado de bienestar

CARLOS OCHANDO CLARAMUNT
Departamento de Economía Aplicada
Política Económica
Universidad de Valencia

1. INTRODUCCIÓN.

Las conexiones entre el Estado de bienestar y la inmigración son múltiples y complejas. En el debate político y social destacan, especialmente, tres temas relevantes: 1) ¿existe un "efecto llamada" ?; 2) ¿influye la inmigración en el apoyo político al Estado de bienestar?; y 3) ¿contribuye la inmigración a la sostenibilidad del Estado de bienestar? Sin duda, los tres temas son de gran interés, pero en el presente trabajo nos centraremos en el último. ¿Qué efectos tiene la inmigración sobre la sostenibilidad del Estado de bienestar?

Para responder a esta pregunta, seguiremos la siguiente estructura. En el próximo apartado, analizaremos las conexiones teóricas entre la inmigración y la sostenibilidad de las finanzas públicas. En el epígrafe tres, estudiaremos la relación entre la inmigración y la Seguridad Social, que, sin duda, constituye el principal pilar presupuestario del Estado de bienestar. En el apartado cuatro, repasaremos las principales referencias bibliográficas —teóricas y empíricas— que han intentado dar respuesta a la pregunta central del trabajo. Finalmente, cerraremos con algunas conclusiones.

2. INMIGRACIÓN Y SOSTENIBILIDAD DEL ESTADO DEL BIENESTAR: CONEXIONES TEÓRICAS.

La inmigración tiene consecuencias económicas que inciden en la viabilidad futura del Estado de bienestar por dos vías principales (Izquierdo y Jimeno, 2005: 47-48):

a) por el lado de los ingresos, se produce un aumento de la recaudación fiscal asociada a la imposición sobre el trabajo (cotizaciones sociales), así como a otros impuestos, y

b) por el lado del gasto público, se genera un incremento en la demanda de prestaciones sociales y servicios públicos (educación, sanidad, prestaciones por desempleo, pensiones, etc.), de los cuales los inmigrantes son beneficiarios.

La Figura 1 ilustra estos efectos económicos de la inmigración y sus implicaciones finales sobre las finanzas públicas.

Figura 1: Efectos económicos de la inmigración

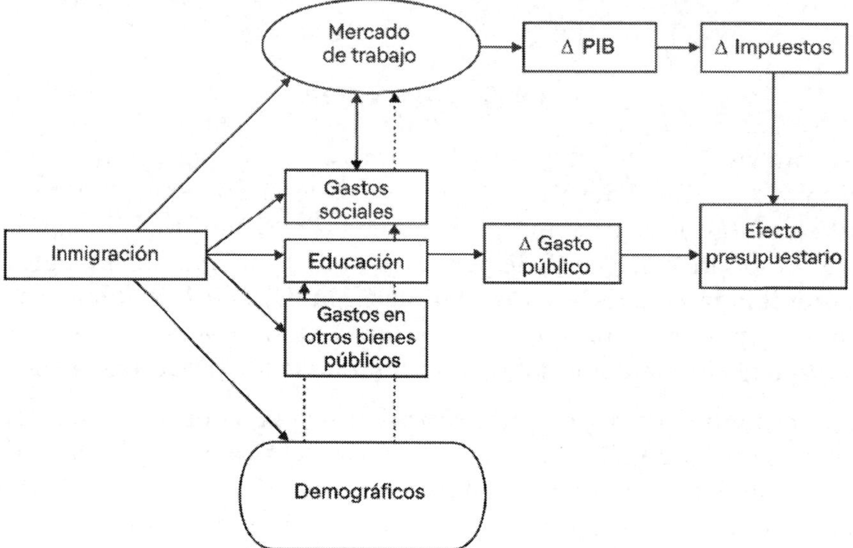

Fuente: Elaboración del autor tomado de Muñoz de Bustillo, R (2019 : 250).

La Figura 1 representa un esquema conceptual que modeliza los canales a través de los cuales la inmigración impacta en las finanzas públicas y en variables macroeconómicas clave. En el centro del diagrama se sitúa la inmigración como variable exógena inicial, la cual desencadena una serie de efectos directos e indirectos sobre el sistema económico y fiscal. En primer lugar, la inmigración incide sobre el mercado de trabajo, lo que a su vez genera variaciones en el producto interior bruto (Δ PIB) y en la recaudación fiscal (Δ Impuestos). Estos cambios en la base económica y tributaria tienen un efecto directo sobre el saldo presupuestario del Estado (efecto presupuestario). Paralelamente, la inmigración también afecta el gasto público a través de tres grandes componentes: el gasto social, la educación y otros bienes públicos. El modelo, por tanto, permite visualizar cómo la inmigración no puede evaluarse únicamente desde una perspectiva fiscal directa, sino que requiere un enfoque sistémico que contemple sus efectos sobre la estructura demográfica, la productividad, la demanda de servicios públicos y la sostenibilidad del sistema fiscal en su conjunto. Esta representación es coherente con la literatura económica contemporánea que subraya la necesidad de considerar tanto los ingresos como los gastos inducidos por la inmigración para evaluar su impacto neto sobre las finanzas públicas.

La evidencia teórica y empírica sobre este tema es muy diversa. Algunos estudios concluyen que existen claros efectos positivos; otros, negativos; y otros estiman un impacto muy reducido, cercano a cero. Esta diversidad de resultados se debe a varios factores:

a) depende de los supuestos metodológicos o de la propia realidad de partida en relación con la inmigración;

b) depende del ciclo de vida de los inmigrantes; y

c) depende del horizonte temporal considerado (corto o largo plazo).

En primer lugar, el efecto final sobre el saldo presupuestario está condicionado por múltiples factores, como el grado de inserción de los inmigrantes en el mercado de trabajo, su participación laboral futura, la migración de retorno, la tasa de desempleo, el nivel de formación y ocupación, el grado de generosidad del sistema de prestaciones sociales y las tasas impositivas, entre otros.

En segundo lugar, y según De Haas (2024: 216), los costes fiscales de la inmigración varían a lo largo del ciclo de vida de los inmigrantes y suelen presentar una forma en U: inicialmente son positivos, posteriormente se vuelven negativos y, finalmente, tienden a ser nuevamente positivos a medida que los inmigrantes envejecen.

Por último, la mayoría de los estudios establece una distinción entre el corto y el largo plazo (La Caixa, 2006: 64). En el corto plazo, el impacto sobre la sostenibilidad del Estado de bienestar parece claramente positivo y significativo, contribuyendo a aliviar la carga fiscal sobre las generaciones futuras. Por ejemplo, en el caso de la Seguridad Social, los inmigrantes suelen realizar aportaciones mediante cotizaciones sin acceder, al menos inicialmente, a pensiones contributivas. En cambio, en el largo plazo, la balanza fiscal podría invertirse, ya que los inmigrantes también generan derechos a prestaciones, en particular a pensiones. Este resultado dependerá de variables como el número total de inmigrantes, la edad media de incorporación al mercado laboral y la tasa de permanencia de quienes han llegado en años anteriores, entre otras.

Por otro lado, si el Estado de bienestar es progresivo —tanto en términos de ingresos como de gasto público—, los inmigrantes pueden resultar proporcionalmente más beneficiados, dado que suelen tener niveles de renta inferiores a los de la población nativa. Según De Haas (2024), los principales costes fiscales de la inmigración a largo plazo no se derivan de los servicios asistenciales, las prestaciones por desempleo ni del sistema sanitario, sino de la educación de los hijos. Sin embargo, esta representa una inversión con una elevada tasa de retorno, ya que, una vez incorporados al mercado de trabajo, esos jóvenes contribuyen al sistema mediante el pago de impuestos.

3. INMIGRACIÓN Y SEGURIDAD SOCIAL.

Según datos del Ministerio de Inclusión, Seguridad Social y Migraciones, en marzo de 2025 había en España 21,36 millones de afiliados al sistema público de Seguridad Social, de los cuales 2,91 millones eran afiliados extranjeros. En el último año, de los 455.679 empleos creados, 187.086 correspondieron a trabajadores extranjeros, lo que representa el 41 % del total del empleo generado en la economía española. En términos relativos, la población extranjera representa el 13,7 % del total (véase gráfico 1).

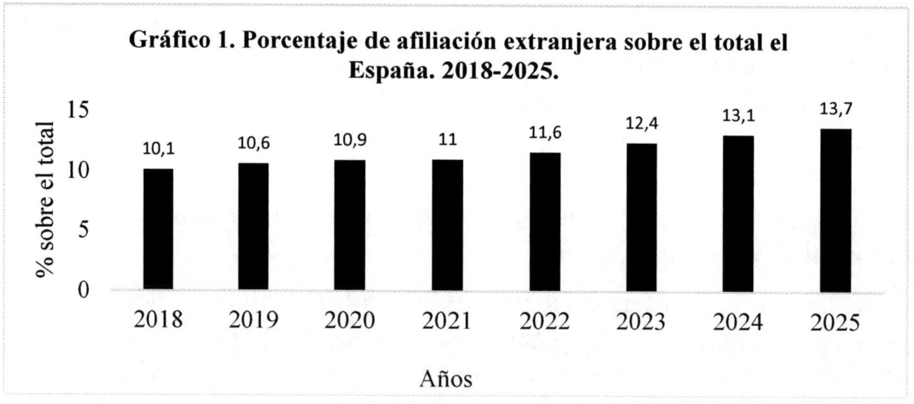

Fuente: Los datos corresponden al mes de marzo de cada año. Elaboración del autor con datos del Ministerio de Inclusión, Seguridad Social y Migraciones.

Entre marzo de 2018 y marzo de 2025, la afiliación extranjera en España aumentó del 10,1 % al 13,7 % del total de afiliados, reflejando una creciente participación de la población extranjera en el mercado laboral. Este crecimiento sostenido es notable incluso durante 2020, año de la pandemia, cuando la afiliación extranjera no solo se mantuvo estable, sino que siguió aumentando. Desde 2022, el ritmo de crecimiento se intensificó, alcanzando su punto más alto en 2025, posiblemente debido a la recuperación económica, la demanda en sectores específicos y cambios en políticas migratorias o laborales. En conjunto, estos datos evidencian la consolidación progresiva de la población extranjera como componente estructural del sistema de afiliación en España.

3.1. Ingresos de la Seguridad Social.

La inmigración tiene un impacto indudable sobre el empleo en las economías receptoras. La mayoría de los inmigrantes se desplaza por razones económicas; en consecuencia, suele tratarse de una población joven, en edad de trabajar y con tasas de actividad superiores a las de los trabajadores nativos. En la medida en que la Seguridad Social se financia mediante un impuesto finalista —las cotizaciones sociales—, la creación de empleo derivada de los procesos de inclusión de la población inmigrante tiene efectos significativos sobre la financiación del modelo público de Seguridad Social, con implicaciones tanto positivas como negativas (véase cuadro 1).

Cuadro 1: Efectos positivos y negativos de la inmigración sobre las cotizaciones de la Seguridad Social

Efectos Positivos	Efectos Negativos
1) los inmigrantes tienen una alta tasa de actividad (mayor que la población nativa), 2) la edad media de afiliación es inferior al total de cotizantes a la Seguridad Social, 3) parte de los inmigrantes volverá a su país sin haber cotizado suficiente (15 años) para recibir pensión en España, de manera que ello supondrá un beneficio para la Seguridad Social (si no existe convenio de acumulación de derechos de pensión entre los países de origen y España) 4) una parte de los inmigrantes volverá a su país antes de los años de trabajo completos que dan lugar al 100% de pensión; de manera que la aplicación a este colectivo de retornados de coeficientes reductores de su pensión resulta otra vía de balance fiscal favorable a la Seguridad Social.	1) una parte de la inmigración trabaja en la economía sumergida; 2) existe una alta proporción de inmigrantes en regímenes con déficit (Régimen Especial Agrario, Empleadas del Hogar, Autónomos); 3) bases reducidas en su cotización al Régimen General que se derivan de su adscripción mayoritaria a sectores de baja productividad; 4) elevada temporalidad de la contratación y afiliación (discontinuidad de los ingresos); 5) la tasa de afiliación a la Seguridad Social es menor en la población inmigrante durante los primeros años de inmigración (irregularidades administrativas que impiden el alta, abusos de los empleadores, etc.) 6) mayores tasas de desempleo.

Fuente: Elaboración propia.

Por tanto, la inmigración eleva la ratio de cotizantes sobre pensionistas (Moreno y Bruquetas, 2011), y la balanza fiscal de la Seguridad Social resulta positiva. Sin embargo, este dato no es suficiente por sí solo. Es fundamental conocer las características que adopta la afiliación a la Seguridad Social entre la población inmigrante. ¿Qué sabemos al respecto? A continuación, se resumen los principales rasgos:

a) Se observa una elevada concentración de la afiliación extranjera en un número reducido de ramas productivas (servicios, agricultura, empleo doméstico, construcción e industria). En el caso español, destaca especialmente la afiliación en hostelería y restauración, comercio al por mayor y menor, reparación de vehículos, construcción, transporte, ocupaciones elementales, actividades administrativas y servicios auxiliares, almacenamiento e industria manufacturera. En los últimos años, desde 2018, ha crecido la presencia de afiliación extranjera en el sector de Información y Comunicaciones (véase gráfico 2).

b) La afiliación extranjera es baja en las administraciones públicas, los servicios sociales (educación y sanidad), las instituciones financieras, la defensa, el sector de los seguros y el sector energético.

c) La afiliación extranjera se concentra relativamente más en los grupos de cotización de menor cualificación, y

d) existen importantes diferencias intrarregionales (entre comunidades autónomas) en cuanto a la distribución de la población afiliada extranjera. Según FEDEA, cuatro comunidades autónomas concentraron el 80 % de la población activa no nativa entre 2019 y 2024: Cataluña (23,3 %), Madrid (23,4 %), Comunidad Valenciana (19,9 %) y Andalucía (14 %) (García y Pinto, 2025).

El gráfico 2 muestra la variación en puntos porcentuales de la afiliación extranjera por sectores entre marzo de 2015 y marzo de 2018 en España. En este periodo, destacan los aumentos en construcción, transporte y hostelería, sectores intensivos en mano de obra que absorbieron buena parte del crecimiento del empleo extranjero. En cambio, sectores como la educación y los hogares empleadores de personal doméstico presentan una disminución relativa. En conjunto, los datos reflejan una concentración del crecimiento de la afiliación extranjera en actividades vinculadas a servicios, construcción y logística.

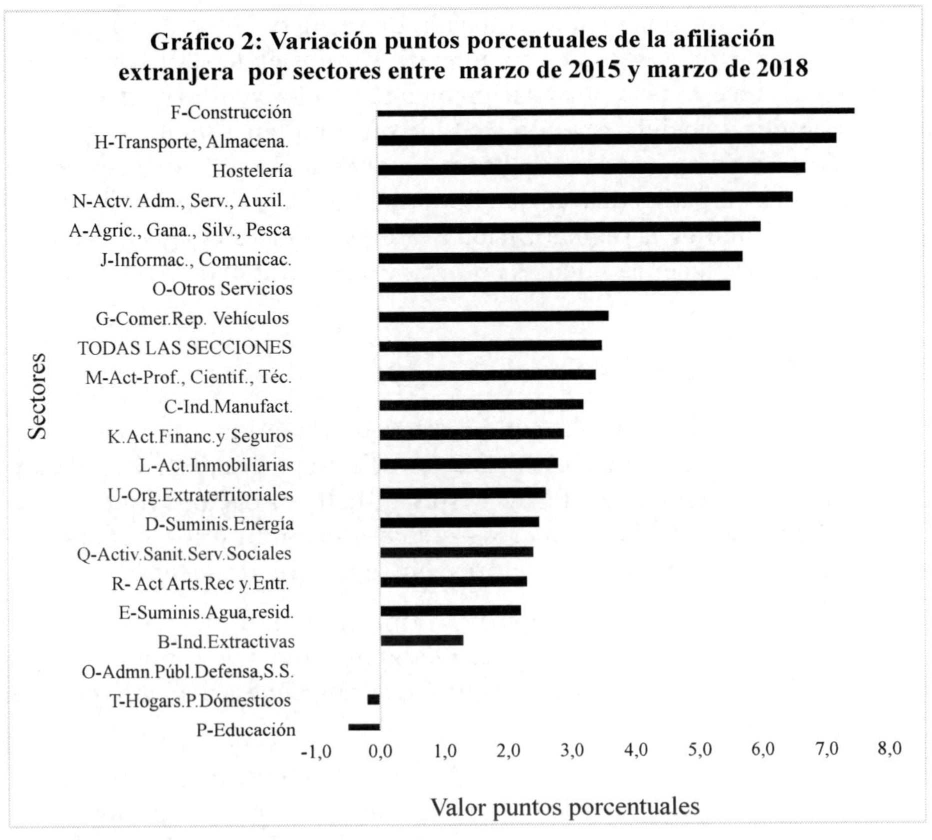

Gráfico 2: Variación puntos porcentuales de la afiliación extranjera por sectores entre marzo de 2015 y marzo de 2018

Fuente: Elaboración del autor con datos del Ministerio de Inclusión, Seguridad Social y Migraciones

Y una última cuestión: la regularización de los inmigrantes (legalización de su situación) contribuiría de manera muy positiva y significativa a las finanzas públicas de nuestro país (Monrás et. al., 2019). La regularización de los inmigrantes, entendida como la legalización de su situación administrativa, puede tener un impacto positivo y significativo en las finanzas públicas de un país como España. Este efecto se explica por varios mecanismos económicos y fiscales. En primer lugar, al obtener un estatus legal, los inmigrantes pueden acceder formalmente al mercado laboral, lo que implica su incorporación plena al sistema de cotizaciones a la Seguridad Social y al pago de impuestos sobre la renta y el consumo. Esto amplía la base tributaria y mejora la sostenibilidad del sistema de protección social. Además, la regularización reduce la economía sumergida, lo que no solo incrementa los ingresos públicos, sino que también mejora la competencia leal entre empresas. Desde una perspectiva macroeconómica, la inclusión legal de trabajadores inmigrantes puede aumentar la productividad agregada, al permitir una mejor asignación de recursos laborales y facilitar la movilidad ocupacional. Estudios como el de Monrás et al. (2019) han documentado que procesos de regularización bien diseñados no solo no generan un aumento significativo del gasto público, sino que tienden a generar superávits fiscales netos a medio plazo, especialmente cuando los inmigrantes regularizados son jóvenes y en edad de trabajar. Por tanto, más allá de sus implicaciones sociales y humanitarias, la regularización representa una estrategia fiscalmente eficiente para fortalecer las cuentas públicas y dinamizar el mercado laboral.

3.2. Gastos de la Seguridad Social.

Evidentemente, así como la inmigración incide en la financiación del sistema público de la Seguridad Social, también tiene efectos sobre el gasto público en pensiones. No resulta fácil estimar dicho impacto, ya que las pensiones de los trabajadores extranjeros —y su evolución futura— dependerán del valor que adopten diversos factores, entre los que destacan:

a) la ratio pensionistas extranjeros / población extranjera, que está determinada, a su vez, por la edad media del colectivo y, por tanto, por la probabilidad de haber cotizado los años necesarios para generar derecho a pensión;

b) el nivel de la pensión media de la población extranjera en relación con la población nacional, que depende principalmente de dos variables: la relación entre las bases de cotización de ambos colectivos y la duración media de las cotizaciones acumuladas;

c) la distribución de las pensiones por tipo (jubilación, incapacidad permanente, viudedad, orfandad y a favor de familiares), ya que el importe medio varía notablemente entre unas y otras modalidades.

Los estudios estiman que se producirán pocos cambios en la ratio de pensiones (n.º de pensionistas / población mayor de 65 años); sin embargo, podría producirse una disminución en la tasa de generosidad, como consecuencia del efecto de la inmigración sobre los salarios (en general, más bajos) y sobre la productividad. Lo que parece inequívoco es que la inmigración, por sí sola, será insuficiente para garantizar la viabilidad futura del sistema de pensiones, por diversas razones:

a) serían necesarios flujos anuales de inmigración significativamente mayores;

b) los inmigrantes también generan derechos a prestaciones públicas, especialmente pensiones, una vez alcanzada la edad de jubilación, lo que supone un aumento del gasto público;

c) a largo plazo, los inmigrantes tienden a adoptar los patrones y comportamientos demográficos de la población nativa.

Ahora bien, si bien la inmigración no resuelve el problema de sostenibilidad del sistema de pensiones a largo plazo, su ausencia agravaría la situación (Jiménez-Ridruejo, 2006).

En cuanto a las prestaciones por desempleo, según el *Informe sobre la integración extranjera en el mercado laboral español* (2022:71), la tasa de cobertura de la población española es del 60 %, frente al 54 % en el caso de los trabajadores extranjeros. También en este ámbito se observa una brecha de género: la tasa de cobertura de las desempleadas españolas alcanza el 56 %, mientras que en el caso de las desempleadas extranjeras es del 43,4 %. Por tanto, los inmigrantes, a pesar de registrar una tasa de desempleo superior, presentan un nivel de cobertura por desempleo más bajo. Una posible explicación es que los inmigrantes suelen salir antes de la situación de desempleo que los nativos y, en consecuencia, perciben estas prestaciones durante un período más breve (Carrasco y García-Pérez, 2015).

4. APORTES Y LÍMITES DE LA INMIGRACIÓN EN EL SOSTENIMIENTO DEL ESTADO DE BIENESTAR: UNA REVISIÓN BIBLIOGRÁFICA.

Existe ya abundante evidencia empírica de que el saldo fiscal de la inmigración, al menos en el corto plazo, es positivo, ya que los inmigrantes pagan más en impuestos y cotizaciones de lo que reciben en forma de pensiones contributivas, servicios de salud, educación y otras prestaciones de protección social. En general, se trata de trabajadores jóvenes que residen en zonas con alta actividad económica —es decir, con salarios más elevados—, lo que se traduce en una mayor contribución fiscal.

En definitiva, los inmigrantes son contribuyentes fiscales netos, especialmente en el período comprendido entre 1995 y 2008, sobre el cual existe una abundante literatura[1]. Es cierto que algunos estudios encuentran un impacto muy reducido, cercano a cero, en el caso de otros países desarrollados[2].

Por otro lado, la mayoría de la evidencia empírica disponible también refuta la hipótesis de que exista un uso excesivo o abusivo de los sistemas de protección social por parte de la población inmigrante (Giulietti y Wahba, 2013; Giulietti, 2014). En el trabajo de Muñoz de Bustillo y Grande (2017: 217), se descarta la hipótesis de sobreutilización de las prestaciones monetarias, una vez controladas las características sociolaborales. De hecho, el peso de las prestaciones sociales sobre la renta de los inmigrantes es significativamente menor que en el caso de los nativos.

¿Cuáles son las razones que pueden explicar esta realidad? (Bruquetas y Moreno, 2019: 143). Se pueden señalar las siguientes:

a) los inmigrantes presentan tasas de desempleo y de riesgo de pobreza más elevadas;

b) tienen mayores niveles de temporalidad laboral, discontinuidad en las cotizaciones y carreras laborales más breves;

c) una parte significativa trabaja en la economía sumergida o en situación irregular, lo que limita su acceso al sistema público de protección social;

d) el Estado del bienestar español tiene un carácter fuertemente contributivo, con requisitos de elegibilidad restrictivos y una cobertura limitada de necesidades no vinculadas al empleo;

e) existe un elevado porcentaje de "*non take-up*", debido a barreras burocráticas, administrativas y de gestión que dificultan el acceso a determinadas prestaciones y

f) las políticas de austeridad han restringido aún más la cobertura y el acceso de la población inmigrante a diversas prestaciones sociales.

---

1 Existe mucha evidencia de que la contribución neta es positiva. Para el caso español, se pueden consultar los trabajos de Aparicio y Tormos, 2000; Izquierdo, 2003; Pricewatershouse Coopers ,2000; Arjona, R., 2000; Dolado, 2002; Dolado y Fernández-Yuste, 2001; García Pérez et al., 2004; Collado, Iturbe-Ormaetxe y Valera, 2004; García Pérez, Osuna y Valera, 2007; Oficina Económica de Presidencia del Gobierno, 2006; Dolado y Vázquez, 2007; Muñoz de Bustillo y Antón, 2010; Cachón y Laparra, 2009; Muñoz de Bustillo y Grande, 2017; Moreno y Bruquetas, 2011; Otero, Casado y Tobes, 2010; Banco de España, 2014 y Bruquetas y Moreno, 2019.
Para los países desarrollados véanse Rowthorn, 2008 y Dustmann y Frattini, 2014; Dustmann, Preston y Kastis, 2024; Vargas-Silva, 2014; OCDE, 2021.

2 Sriskandarajah, et. al. 2005; Fernández y Vargas-Silva, 2022; Damas de Matos, 2021

Estos factores explican la menor protección social de los inmigrantes y su menor grado de acceso a las prestaciones públicas (por desempleo, incapacidad, pensiones, servicios sociales, etc.). Asimismo, explican que el efecto redistributivo de las prestaciones —por ejemplo, pensiones de supervivencia— sea prácticamente nulo en la reducción de las tasas de pobreza entre la población inmigrante, tanto antes como después de las transferencias (Bruquetas y Moreno, 2019: 152).

Tampoco existe evidencia de una sobreutilización del sistema sanitario público por parte de los inmigrantes. Numerosos estudios lo corroboran para el caso español. En términos generales, los inmigrantes hacen un uso menor de los servicios de atención primaria, especializada y preventiva, y utilizan los servicios hospitalarios con una frecuencia similar a la de los nativos, aunque por causas distintas. Las mujeres extranjeras presentan una mayor utilización de los servicios médicos relacionados con el embarazo y el parto (Muñoz de Bustillo y Grande, 2017; Consejo Económico y Social, 2019).

Ahora bien, el hecho de que no exista una sobreutilización a nivel "macro" del sistema sanitario no significa que la inmigración no represente un desafío para determinados servicios, en especial en términos de cobertura poblacional. A nivel "meso" y "micro", puede generar tensiones en la gestión de recursos. Esta situación se recoge claramente en un estudio reciente:

"*Aunque los inmigrantes tienden a hacer un uso similar del sistema sanitario en comparación con los nativos, presentan algunas particularidades, como una mayor recurrencia a los servicios de urgencias y menores visitas a especialistas. Las áreas con una alta concentración de inmigración han sufrido algunas tensiones en la atención primaria, lo que subraya la importancia de planificar una distribución equitativa de recursos sanitarios*" (Carrasco, 2024: 8).

5. CONCLUSIONES.

Aunque el debate sobre la relación entre inmigración y Estado del bienestar sigue abierto y depende de múltiples factores políticos, institucionales e históricos, este trabajo recoge información bibliográfica para destacar algunas ideas clave. En primer lugar, no existe evidencia empírica que respalde la idea de que los inmigrantes "abusen" del sistema público de protección social. En segundo lugar, lejos de desequilibrar las finanzas públicas, la inmigración contribuye positivamente a su fortalecimiento. Por tanto, podría considerarse un elemento fundamental para garantizar la sostenibilidad financiera del Estado del bienestar.

Como señala De Haas (2024 : 230-231):

"No hay pruebas de que la inmigración erosione la viabilidad del Estado del bienestar. Incluso hay motivos para invertir el argumento: en lugar de ser una amenaza, la inmigración de trabajadores extranjeros es vital para mantener los sistemas sanitarios y proveer cuidados a niños y ancianos, especialmente en economías liberalizadas como las de Estados Unidos y el Reino Unido, o en Estados del bienestar débiles como España e Italia".

Además, Muñoz de Bustillo (2019) destaca un "efecto oculto": la contribución de la inmigración —especialmente de las mujeres inmigrantes— al sector de los cuidados de larga duración y la dependencia. Su papel como proveedoras de mano de obra en este ámbito, ya sea en instituciones o en hogares privados, es crucial. Sin embargo, con frecuencia pasamos por alto el valor de esta aportación, que sustenta nuestro "modelo familiarista" de bienestar.

6. REFERENCIAS BIBLIOGRÁFICAS

Aparicio, R. y Tornos, A. (2000): *La inmigración y la economía española.* IMSERSO, Madrid.

Arjona, R. (2000): *On the Fiscal Balance of the Spanish Social Security System.* FEDEA, septiembre.

Banco de España (2014): *Estudio sobre los flujos migratorios en España durante la crisis.* Madrid.

Bruequetas, M. y Moreno, F.J. (2019): "Inmigración y sostenibilidad del Estado de bienestar en España tras la Gran Recesión" *Papeles de Economía Española,* 161, pp:138-163.

Cachón, L. y Laparra, M. (Eds.) (2009): *Inmigración y políticas sociales.* Barcelona, Bellaterra.

Carrasco, R. y García-Pérez, J.I. (2015): "Employment Dynamics of Inmigrants versus Natives: Evidence from the Boom-Bust Period in Spain, 2000-2011" *Economic Inquiry* 53 (2).

Carrasco, R. (2024): "Algunas reflexiones sobre el fenómeno de la inmigración en España: percepción social versus efectos reales" Apuntes FEDEA 2024/26, octubre.

Collado, M.D., Iturbe-Ormaetxe, I. y Valera, G. (2004): "Quantifying the Impact of Inmigration on the Spanish Welfare State" *International Tax and Public Finance* 11, pp: 335-353.

Consejo Económico y Social (2019): *La inmigración en España: efectos y oportunidades.* Informe 02/2019.

Damas de Matos, A. (2021): "The fiscal impact of Inmigration in OECD Countries since the mid-2000" en OECD *International Migration Outlook,* 2021, OECD Publishing, pp: 111-162.

De Haas, H. (2024): *Los mitos de la inmigración: 22 falsos mantras sobre el tema que más nos divide.* Península. Barcelona.

Dolado, J.J. (2002): "Los nuevos fenómenos migratorios: retos y políticas" en García-Milá, T. (Ed.) *Las nuevas fronteras de la política económica en España, 2001.* CREI, Universitat Pompeu Fabra y Generalitat de Catalunya, Barcelona.

Dolado, J.J. y Fernández-Yuste, C. (2001): "Los nuevos fenómenos migratorios: retos y políticas" Cuarta Jornada de CREI. Universitat Pompeu Fabra 10/10/2001. Disponible en http://www.uclm.es/area/fae/elaboral/kectural/g3doc1.pdf.

Dolado, J.J. y Vázquez, P. (2007): "Los efectos económicos y las políticas de la inmigración: panorámica y reflexiones" *en Ensayos sobre los efectos económicos de la inmigración en España.* FEDEA.

Dustmann, Ch. y Frattini, T. (2014): "The Fiscal Effects of Inmigration to the UK", *The Economic Journal,* 124 (580), pp: 593-643.

Dustmann, Ch., Preston, I. y Kastis, Y. (2024):"Inequality and Inmigration" *Deaton Review, Oxford Open Economics* Vol 3 (1), pp: 453-473.

Fernández, M. y Vargas-Silva, C. (2022): *Migrants and Housing in the UK,* Migration Observatory, University of Oxford.

Funcas (2024): *La población extranjera en situación irregular en España: una estimación.*

García Pérez, J.I. et. al. (2004): *La inmigración y sus efectos en las finanzas públicas andaluzas.* Fundación Centro de Estudios Andaluces, E2004/41.

García Pérez, J.I., Osuna, V. y Valera, G. (2007): "La inmigración y su efecto sobre las finanzas públicas andaluzas" en Dolado, J.J. y Vázquez, P. (Eds.): *Ensayos sobre los efectos económicos de la inmigración en España.* FEDEA.

García, M.A. y Pinto, F. (2025): *Evolución de la ocupación y población activa en España 2019-2024. Detalle por comunidades autónomas.* Apuntes FEDEA 2025/14, marzo.

Guilietti, C. (2014): "The Welfare Magnet Hypothesis and the Welfare take-up of Inmigrants" *IZA World of Labor* 37, IZA, Bonn.

Giulietti, C. y Wahba, J. (2013). "Welfare migration" en *International Handbook on the Economics of Migation,* Edward Elgar Publishing, pp: 489-504.

Izquierdo, A. (2003): *Inmigración, mercado de trabajo y protección social.* Madrid, CES.

Izquierdo, M. y Jimeno, J. F. (2005): "Inmigración: desarrollos recientes y consecuencias económicas" *Boletín Económico Banco de España,* febrero.

Jiménez-Ridruejo, Z. (2006*): El efecto de la inmigración en la sostenibilidad a medio y largo plazo del sistema de pensiones en España.* Secretaría de Estado de la Seguridad Social. Ministerio de Trabajo y Asuntos Sociales. Disponible en http://www.mtas.es.

La Caixa (2006): *Informe mensual,* octubre.

Ministerio de Inclusión, Seguridad Social y Migraciones (2022): *Informe sobre la Integración de la Población Extranjera en el mercado laboral español.* Madrid.

Monrás, J., J. Vázquez-Grenno, and F. Elias (2018): "Understanding the Effects of Legalizing Undocumented Immigrants." Upjohn Institute Working Paper 18-283. Kalamazoo, MI: W.E. Upjohn Institutefor Employment Research. https://doi.org/10.17848/wp18-283.

Moreno, F.J. y Bruquetas, M. (2011): *Inmigración y Estado de bienestar en España.* Barcelona, La Caixa.

Muñoz de Bustillo, R. (2019): *Mitos y realidades del Estado de bienestar.* Alianza Editorial, Madrid.

Muñoz de Bustillo, R. y Antón, J.I. (2010): "Inmigración y Estado de bienestar: el caso de España" *Información Comercial Española* 854, pp: 49-60.

Muñoz de Bustillo, R. y Grande, R. (2017): "Inmigración y Estado de bienestar en España" en Arango, J. et. al. (dir.*): La inmigración en el ojo del huracán.* Anuario CIDOB de la inmigración 2017, Barcelona, pp: 206-229.

OCDE (2021): *Migration Outlook.*

Oficina Económica de Presidencia del Gobierno (2006): *Inmigración y economía española: 1996-2006.* Presidencia del Gobierno, Madrid.

Otero, J.V. (Dir.), Casado, R. y Tobes, P. (Coord.) (2010): *Impacto de la inmigración en el sistema de protección social.* Madrid, CES.

Pricewatershouse Coopers (2000): Estudios sobre el coste adicional de la cobertura de la asistencia sanitaria de la Seguridad Social a los extranjeros. Disponible en http://www.mtas.es.

Rowthorn, R. (2008): "The fiscal impact of inmigration on the advanced economies" *Oxford Review of Economic Policy,* 24(3), pp: 560-580.

Sriskandarajah et al. (2005*): Paying their Way: The Fiscal Contribution of Inmigrants in the UK,* London, IPPR.

Vargas-Silva, C. (2014): *The Fiscal Impact of Inmigration in the UK,* Migration Observatory, University of Oxford.

Emprendimiento migrante Sur-Sur: El caso de los emprendedores venezolanos en Lima, Perú

SERGIO AFCHA
Departament d'Economia Aplicada, EVALPUB
Universitat de València
JOSE IGNACIO PINEDA MENDOZA
ESAN Graduate School Of Business

INTRODUCCIÓN

En los últimos años, la migración venezolana ha adquirido una magnitud sin precedentes en América Latina. Perú es hoy el segundo país receptor, y Lima concentra más del 80% de la población venezolana residente (World Bank, 2024; IOM, 2022). Este flujo ha alterado el mercado laboral de la ciudad, incrementando la competencia por empleos informales y, al mismo tiempo, estimulando nuevas formas de emprendimiento. Según la Organización Internacional para las Migraciones (IOM, 2022), más del 40% de los venezolanos económicamente activos en el país son trabajadores por cuenta propia o dueños de microempresas.

El auge de estos pequeños negocios ha generado efectos visibles en la economía limeña: diversificación de la oferta gastronómica y de servicios, revitalización de circuitos comerciales en distritos periféricos y, en algunos casos, formalización parcial a través del Registro Único de Contribuyentes (RUC). Sin embargo, el crecimiento de esta economía migrante ocurre en un entorno de alta informalidad, con trabas regulatorias, financiamiento limitado y escasa articulación con el mercado local (INEI, 2023; OECD, 2023).

El proceso migratorio venezolano en Perú se inserta en una coyuntura marcada por dos características estructurales: la segmentación del mercado laboral y la heterogeneidad regulatoria municipal. En Lima, más del 70% de los trabajadores peruanos se desempeñan en el sector informal, lo que reduce la capacidad del mercado para absorber nueva fuerza laboral en condiciones de seguridad y estabilidad (INEI, 2023). En este contexto, el autoempleo se ha convertido en una estrategia de inserción económica muy presente entre la población inmigrante, pero también en un terreno fértil para la innovación y el dinamismo productivo (Naudé et al., 2017; Williams & Youssef, 2014). Como señalan Guerrero et al. (2021) y Riaño, (2022) la migración puede actuar como catalizador de nuevas prácticas comerciales, introduciendo cambios en los patrones de consumo, la organización del trabajo y la provisión de servicios urbanos.

LA MIGRACIÓN VENEZOLANA Y LA TRANSFORMACIÓN DE LA CIUDAD

El impacto de los emprendimientos venezolanos no se limita a lo económico. La presencia de miles de nuevos actores en el tejido comercial limeño ha tenido un efecto territorial y cultural. Zonas como Lince, San Martín de Porres o San Juan de Lurigancho muestran una creciente densidad de negocios migrantes, especialmente en gastronomía, estética y comercio minorista. Estos espacios, muchas veces informales o semi-formales, actúan como microecosistemas de integración, donde se mezclan prácticas venezolanas y peruanas, generando lo que la literatura denomina "hibridaciones económicas" (Riaño, 2022; Sandoz, 2024). Tales interacciones no solo dinamizan los barrios, sino que también producen nuevas formas de convivencia y conflicto.

La incorporación de los emprendimientos migrantes evidencia una paradoja: mientras estos negocios contribuyen al crecimiento económico, su legitimidad institucional es frágil (Williams & Youssef, 2014; INEI, 2023). Muchos operan sin licencias, sujetos a decomisos y fiscalizaciones desiguales (OECD, 2023). Aun así, logran sostener redes de empleo, consumo y aprendizaje que benefician tanto a la comunidad migrante como a la local (Naudé et al., 2017; Guerrero et al., 2021). En palabras de OIM (2022), "la informalidad no implica ausencia de organización, sino adaptación creativa a las restricciones institucionales".

EL EMPRENDIMIENTO COMO MECANISMO DE INSERCIÓN ECONÓMICA

Este documento parte de una premisa sencilla: el emprendimiento, puede ser concebido como un instrumento de integración económica más eficaz cuando las políticas públicas reconocen su naturaleza progresiva. Es decir, cuando permiten que los negocios avancen por etapas, en lugar de exigir el cumplimiento simultáneo de todos los requisitos formales OECD, 2023; INEI, 2023). La evidencia recopilada en el trabajo de campo muestra que los emprendedores que logran consolidarse lo hacen gracias a una combinación de tres elementos: la posibilidad de formalizar gradualmente, la existencia de redes puente con el mercado local y la adopción de herramientas básicas de gestión y digitalización.

Estos factores no son independientes. La formalización progresiva genera confianza institucional; las redes puente amplían los mercados y reducen la vulnerabilidad; la llamada digitalización frugal permite rastrear ventas, mejorar la contabilidad y acceder a instrumentos financieros. Cuando estos tres procesos convergen, el emprendimiento deja de ser un recurso de supervivencia y se transforma en un elemento de inclusión productiva (Naudé et al., 2017; Williams & Youssef, 2014).

Al examinar la experiencia limeña, se advierte que los obstáculos al crecimiento no se deben tanto a la falta de capacidades de los emprendedores como a la descoordinación institucional y a la fragmentación normativa. Los requisitos varían por distrito, los plazos son inciertos y las inspecciones pueden ser arbitrarias. En este contexto, el riesgo percibido de la formalización supera los beneficios potenciales. Así, muchos negocios permanecen en un umbral de semiformalidad: pagan impuestos pero carecen de licencias, o poseen licencia pero no declaran ventas (INEI, 2023). Esta situación refleja una tensión entre la lógica administrativa y la dinámica real de los pequeños emprendimientos migrantes.

La literatura sobre políticas de integración económica sugiere que las respuestas más efectivas son aquellas que combinan simplificación regulatoria, incentivos financieros adaptados y acceso a redes comerciales locales (OECD, 2023; INEI, 2023). Estas estrategias no buscan formalizar "por decreto", sino acompañar procesos de aprendizaje y acumulación. En consecuencia, la política económica hacia el emprendimiento migrante debe orientarse no solo a corregir déficits, sino a potenciar las capacidades existentes.

En las secciones siguientes se desarrolla esta idea con mayor detalle, proponiendo una lectura de los desafíos actuales, las dinámicas de éxito observadas y las oportunidades de política que podrían transformar a los emprendimientos venezolanos en actores estables del desarrollo urbano limeño.

QUÉ IMPULSA EL ÉXITO EMPRENDEDOR

Trayectorias y aprendizajes

El análisis de campo sugiere que la mayoría de los emprendimientos venezolanos en Lima atraviesan un proceso secuencial de aprendizaje (Naudé et al., 2017; Guerrero et al., 2021). Este recorrido no sigue un patrón lineal, pero sí muestra regularidades. En una primera etapa, los emprendedores buscan sobrevivir, asegurar ingresos mínimos y conocer el entorno normativo. Posteriormente, comienzan a estabilizar sus flujos de venta, establecer relaciones de confianza con proveedores y ajustar sus precios. En fases más avanzadas, logran consolidar su reputación, diversificar su clientela y acceder a canales formales de financiamiento o compras institucionales.

Diversos estudios sobre migración y autoempleo (IOM, 2022; Riaño, 2022; Sandoz, 2024) coinciden en que la sostenibilidad de los emprendimientos migrantes depende menos de los recursos iniciales que de la capacidad para adaptarse a contextos de incertidumbre. En este sentido, la experiencia venezolana en Lima ilustra cómo la creatividad y la capacidad de improvisación pueden compensar la falta de capital o infraestructura. Muchos negocios comienzan en espacios compartidos o itinerantes, aprovechan redes personales y familiares y utilizan medios digitales para alcanzar a su clientela.

Un elemento central es la capacidad de aprendizaje incremental. Los emprendedores exitosos no dependen de la asistencia formal o de capacitaciones externas, sino que aprenden observando y experimentando. Como señalan Naudé et al. (2017) y Sinkovics et al. (2021) el "aprendizaje en el hacer" constituye un mecanismo informal pero efectivo para adquirir destrezas de gestión y negociación. Este aprendizaje suele ir acompañado de una racionalidad: los dueños priorizan acciones que reduzcan riesgos inmediatos y mantengan la liquidez, incluso si esto implica postergar inversiones de largo plazo. Como argumenta Dabić et al. (2020), los emprendedores toman acción entre marcos normativos, culturales y de mercado simultáneamente, y su éxito no depende únicamente de su talento, require la capacidad de pertenecer y navegar niveles institucionales fragmentados, tanto formales como informales. Establecer estas redes, en un inicio, involucra un proceso de ensayo y error, porque necesitan encontrar puntos en común significativos para que sean orgánicas y efectivas. Nuestras entrevistas muestran que para muchos de los emprendedores migrantes las redes que desarrollan entre ellos sirven para compartir espacios, tramitar permisos, encontrar clientes para sus negocios, hacer negocios nuevos, y acceder a fuentes de financiamiento. En general, son espacios dónde circula información sobre cómo funciona la realidad local, cómo actuar e influir en ella, funcionan como una infraestructura social.

Otro rasgo distintivo es la importancia de las redes puente con actores locales. A medida que los emprendedores establecen lazos con proveedores peruanos, comerciantes de barrio o clientes institucionales, su posición económica se fortalece. Estas redes les permiten acceder a información sobre precios, regulaciones y oportunidades de mercado que no circulan dentro de la comunidad migrante. En términos academicos, se trata de un paso desde el capital social de enclave hacia un capital social mixto, que combina vínculos intra e intergrupales (Portes, 1993; Riaño, 2022). Esta transición es decisiva para superar la dependencia de la demanda co-nacional y alcanzar estabilidad comercial.

En los testimonios recogidos durante el trabajo de campo, la mayoría de los emprendedores asocia sus avances con tres hitos: la obtención del RUC, el acceso a medios de pago digital y la consolidación de relaciones comerciales confiables. Cada uno de estos hitos amplía su legitimidad ante el entorno. Tener RUC permite participar en ferias y emitir comprobantes; los pagos digitales aumentan la seguridad y trazabilidad de las transacciones; y las alianzas con proveedores locales reducen los costos de adquisición y mejoran la reputación. Estas dinámicas confirman la hipótesis de que la formalización no es un punto de partida, sino una consecuencia del aprendizaje y la inserción progresiva (OIM, 2023).

FORMALIZACIÓN Y SOSTENIBILIDAD

Entendida como proceso, la formalización combina dimensiones normativas, económicas y simbólicas (INEI, 2023; OECD, 2023). No se limita a cumplir con requisitos administrativos, sino que implica construir confianza en el entorno institucional y consolidar prácticas de gestión estables (Williams & Youssef, 2014; Naudé et al., 2017). Para muchos negocios migrantes, formalizarse no representa una obligación, sino una estrategia de supervivencia a mediano plazo: un medio para acceder a mercados mayores, reducir la exposición a sanciones y legitimar su presencia en el espacio público.

El principal obstáculo para este proceso no es la falta de voluntad, sino la ausencia de mecanismos adaptativos (OECD, 2023; Ault, 2022). Los procedimientos suelen estar diseñados para empresas de mayor escala y no para unidades productivas con rotación diaria y capital mínimo. Como advierte INEI (2023) los costos de cumplimiento pueden representar hasta el 20% de las ventas mensuales de un microemprendimiento informal. Frente a ello, algunos municipios han ensayado modelos de "licencia de bajo riesgo" o inspección pedagógica, con resultados alentadores.

Los casos exitosos demuestran que cuando la formalización se estructura en etapas —por ejemplo, obtener primero el RUC, luego la licencia y más adelante la facturación electrónica—, los emprendedores logran sostener el proceso (Williams & Youssef, 2015; Naudé et al., 2017) y convertirlo en una fuente de crecimiento. Este esquema incremental facilita la incorporación paulatina a la economía formal sin generar rupturas operativas. Además, al registrar ventas y adoptar medios de pago digitales, los negocios crean una traza de datos que puede ser utilizada para acceder a microcréditos (OECD, 2023; World Bank, 2024) o adelantos de proveedores, tal como propone OIM (2022).

Por otra parte, la formalización progresiva tiene un efecto relevante: modifica la percepción social sobre los emprendimientos migrantes (Riaño, 2022; Sandoz, 2024). En la medida en que se insertan en cadenas de valor locales, cumplen normas de higiene y adoptan prácticas de atención estandarizadas, estos negocios son vistos como parte legítima del tejido económico limeño (IOM, 2022; Guerrero et al., 2021). Este reconocimiento, aunque intangible, contribuye a reducir la xenofobia y a fortalecer la convivencia económica.

En síntesis, el éxito de los emprendimientos venezolanos en Lima no se explica por intervenciones aisladas, sino por la confluencia de tres dinámicas complementarias: aprendizaje continuo, formalización gradual y construcción de redes mixtas. Cuando estas dinámicas se refuerzan mutuamente, el emprendimiento deja de ser una respuesta a la exclusión y se convierte en un mecanismo de integración productiva sostenible (Naudé et al., 2017; Sinkovics et al., 2021).

LECCIONES DE LOS CASOS DE ÉXITO EMPRENDEDOR EN LA POLÍTICA MIGRATORIA

Aprendizajes institucionales

Los casos de éxito observados entre los emprendimientos venezolanos en Lima ofrecen lecciones valiosas para el diseño de políticas migratorias con enfoque económico. Estos ejemplos muestran que la inserción productiva de la población migrante no depende únicamente del acceso al crédito o del marco legal, sino también de la capacidad de las instituciones locales para reconocer y acompañar procesos que ya existen (IOM, 2022; OECD, 2023).

En los distritos donde se ha logrado una interacción más fluida entre autoridades municipales, asociaciones de comerciantes y colectivos migrantes, los resultados son notables. En lugares como Los Olivos, La Victoria o San Martín de Porres, las iniciativas que combinan orientación tributaria, permisos simplificados y ferias productivas han permitido que los negocios migrantes pasen de la informalidad absoluta a formas de semi-formalización sostenibles. La OIM (2022) destaca que estos espacios de cooperación generan confianza, lo que reduce la resistencia a registrarse ante la administración pública y disminuye las tensiones con las comunidades locales.

Un rasgo común de las experiencias exitosas es la pedagogía institucional. En lugar de fiscalizar desde la sanción, las municipalidades que adoptan inspecciones acompañadas de asesoría logran que los emprendedores perciban la formalización como una oportunidad y no como una amenaza. Este cambio de enfoque, también registrado por OECD (2023) e INEI (2023), se traduce en una relación más colaborativa entre migrantes y autoridades locales. Por ejemplo, la creación de módulos itinerantes de asesoría y de licencias de "bajo riesgo" en ferias o galerías ha facilitado el tránsito hacia la formalidad sin interrumpir la actividad económica cotidiana.

Otra lección importante proviene de la gestión de las redes. Las asociaciones de emprendedores venezolanos que han logrado integrarse a cámaras de comercio locales o a redes de proveedores peruanos muestran mayores tasas de supervivencia empresarial. Estas alianzas permiten intercambiar información sobre normas sanitarias, impuestos o acceso a microseguros, y, en muchos casos, sirven como plataforma para negociaciones colectivas con municipios o entidades financieras (Riaño, 2022; Sandoz, 2024). En otras palabras, el éxito institucional no proviene solo del Estado, sino de la articulación de actores públicos y privados en un ecosistema urbano que aprende a convivir con la diversidad productiva.

Por último, las experiencias de microfinanzas inclusivas impulsadas por fintechs locales, aunque todavía incipientes, evidencian el potencial del uso de trazas digitales como herramienta de integración. Los sistemas de scoring o puntaje alternativo basados en ventas QR o transacciones POS han permitido ofrecer líneas de crédito a emprendedores sin historial bancario (World Bank, 2024; OECD, 2023). Estas innovaciones revelan que la inclusión financiera puede construirse desde la práctica y no únicamente desde la regulación, siempre que existan reglas claras de protección de datos y mecanismos de acompañamiento.

En conjunto, las lecciones institucionales muestran que el principal factor de éxito no es la magnitud del apoyo financiero, sino la coherencia entre los instrumentos normativos, financieros y sociales que acompañan la actividad económica migrante.

ORIENTACIONES DE POLÍTICA

A partir de estas experiencias, pueden derivarse varias orientaciones para el diseño de políticas migratorias con enfoque económico. En primer lugar, es necesario comprender que la integración productiva requiere instituciones adaptativas. Las normas deben reconocer la diversidad de trayectorias empresariales y ofrecer vías progresivas de formalización. Políticas de "tamaño único" resultan ineficaces en contextos de alta heterogeneidad, donde la mayoría de negocios migrantes operan con capital limitado y estructuras familiares (IOM, 2022; Naudé et al., 2017).

En segundo lugar, las estrategias deben priorizar la reducción de la incertidumbre regulatoria. Cuando los emprendedores conocen los plazos, requisitos y consecuencias de sus decisiones, tienden a invertir más en sus negocios y a sostener relaciones estables con proveedores. La previsibilidad institucional, aun sin grandes incentivos económicos, actúa como un mecanismo de confianza. En este sentido, la creación de ventanillas únicas, los calendarios públicos de fiscalización y las inspecciones pedagógicas son herramientas de bajo costo con alto impacto (OECD, 2023; INEI, 2023).

Un tercer aprendizaje se refiere a la intermediación económica. Los emprendimientos migrantes se benefician de la existencia de redes puente que conecten la oferta migrante con la demanda local. Programas de consignación, ferias mixtas o compras públicas de baja cuantía no solo fortalecen los negocios, sino que también reducen tensiones sociales al visibilizar la contribución económica de la población venezolana. Tal como afirma Naudé et al. (2017) y Guerrero et al. (2021), la integración se consolida cuando la relación entre migrantes y locales se basa en intercambio económico, no solo en tolerancia cultural.

Finalmente, la política migratoria debe asumir la integración económica como un objetivo compartido entre niveles de gobierno. Mientras el Estado central establece marcos normativos y programas de inclusión financiera, los municipios operan como primera línea de implementación. Su cercanía geográfica los convierte en agentes clave para aplicar las políticas con flexibilidad y sensibilidad local. La coordinación entre ministerios, municipalidades y organizaciones sociales es, por tanto, un requisito indispensable para evitar duplicidades y maximizar los resultados (IOM, 2022; OECD, 2023; Williams & Youssef, 2014).

En síntesis, los casos de éxito emprendedor muestran que la política migratoria efectiva no se construye desde la excepción ni desde la asistencia, sino desde la normalización de la participación económica de los migrantes. La integración se vuelve sostenible cuando el Estado, el sector privado y la sociedad reconocen que la diversidad productiva puede ser una fuente de crecimiento y cohesión social.

CONCLUSIONES

El estudio del emprendimiento venezolano en Lima permite comprender cómo la migración puede convertirse en un motor de innovación económica y cohesión social cuando las condiciones institucionales lo permiten. Lejos de representar una carga para el mercado laboral, los emprendimientos migrantes han contribuido a dinamizar la economía urbana, crear empleo y diversificar los servicios disponibles. Sin embargo, su potencial se encuentra parcialmente bloqueado por un entorno regulatorio fragmentado y por la falta de mecanismos que reconozcan la naturaleza progresiva de la formalización (IOM, 2022; World Bank, 2024; OECD, 2023).

Una primera conclusión es que la integración económica no ocurre de manera espontánea, sino que requiere políticas públicas que acompañen los procesos de aprendizaje y adaptación de los emprendedores. Las experiencias exitosas muestran que la formalización escalonada, el acceso a redes locales y la digitalización de las operaciones constituyen un triángulo virtuoso. Cada elemento refuerza a los otros: la formalización abre puertas al crédito, las redes locales amplían los mercados y la digitalización genera información verificable que mejora la gestión y la confianza institucional (IOM, 2022; OECD, 2023; World Bank, 2024)".

En segundo lugar, el éxito de los emprendimientos migrantes depende tanto de las capacidades individuales como del entorno institucional. Las políticas que han mostrado mejores resultados son aquellas que actúan sobre la estructura de oportunidades más que sobre los déficits personales. En este sentido, simplificar los procedimientos, estandarizar los criterios municipales y garantizar reglas claras de fiscalización son medidas más eficaces que los programas de capacitación descontextualizados o los subsidios temporales. Como sostiene Riaño (2022) y Sandoz (2024), la inclusión económica no puede concebirse como una serie de proyectos aislados, sino como un proceso de normalización en la política urbana.

Una tercera conclusión que apuntamos es el papel de las alianzas público-privadas. Las redes entre asociaciones de migrantes, cámaras de comercio y autoridades locales han demostrado ser un instrumento potente para generar confianza mutua y reducir los vacíos institucionales y la informalidad. Este tipo de articulación facilita el intercambio de información, la resolución de conflictos y la promoción de iniciativas conjuntas, como ferias o vitrinas de emprendimiento mixto. A través de estas redes se genera un aprendizaje que trasciende la asistencia puntual y fortalece la gobernanza local.

También resulta claro que la política migratoria con enfoque económico debe incorporar una dimensión territorial. Lima no es una unidad homogénea, sino un mosaico de municipios con distintas capacidades administrativas y realidades económicas. Por ello, cualquier política de integración debe combinar lineamientos nacionales con mecanismos de adaptación local. La descentralización no debe implicar dispersión, sino coordinación efectiva entre los niveles de gobierno. Experiencias como las licencias de bajo riesgo o las inspecciones pedagógicas podrían replicarse en todo el ámbito metropolitano si existiera un marco común de actuación (OECD, 2023; IOM, 2022).

Finalmente, las lecciones derivadas del caso venezolano ofrecen pistas valiosas para otros procesos migratorios en la región. En contextos urbanos donde la informalidad es la norma y las instituciones tienen recursos limitados, la integración económica es tanto un desafío como una oportunidad. Promover la formalización progresiva, facilitar el acceso a microfinanzas y reconocer el valor económico de la diversidad no solo mejora la vida de las personas migrantes, sino que también fortalece la competitividad de las ciudades que las acogen (World Bank, 2024; OECD, 2023; IOM, 2022).

La política migratoria del siglo XXI debe, por tanto, ir más allá del control fronterizo y de la asistencia humanitaria, para convertirse en una política de desarrollo inclusivo. Reconocer el emprendimiento migrante como parte del tejido económico urbano implica abandonar la mirada de contingencia y asumir una visión de largo plazo. Si el Estado peruano y las autoridades locales logran consolidar un entorno de reglas claras, coordinación institucional y acceso equitativo a recursos, los emprendimientos venezolanos no solo sobrevivirán, sino que contribuirán activamente a la reconstrucción de un modelo urbano más dinámico, diverso y resiliente (Williams & Youssef, 2014; INEI, 2023).

Referencias

Ault, J. K. (2022). The formal institutional context of informal entrepreneurship. *Futures of Institutions?*, 49, 1–17. https://doi.org/10.1016/S0048-7333(20)30234-1

agregar nueva referencia: Dabić, M., Vlačić, B., Paul, J., Dana, L.-P., Sahasranamam, S., & Glinka, B. (2020). Immigrant entrepreneurship: A review and research agenda. Journal of Business Research, 113, 25–38. https://doi.org/10.1016/j.jbusres.2020.03.013

Guerrero, M., Urbano, D., & de la Cruz, M. (2021). Entrepreneurial migrants from/in emerging economies. *Journal of International Entrepreneurship, 19*(2), 181–209. https://doi.org/10.1007/s10843-020-00263-4

Instituto Nacional de Estadística e Informática (INEI). (2023). *Producción y empleo informal en el Perú – Cuenta satélite de la economía informal 2022–2023.* Lima: INEI. https://www.gob.pe/institucion/inei/informes-publicaciones/6344108-produccion-y-empleo-informal-en-el-peru-cuenta-satelite-de-la-economia-informal-2022-2023

International Organization for Migration (IOM). (2022). *Integration of Venezuelan Migrants in Vulnerable Situations in Peru: Key Findings Using a Multidimensional Approach to Measure Migrant Integration Outcomes.* Ginebra: IOM. https://peru.iom.int/sites/g/files/tmzbdl951/files/documents/Peru%20Study%20Report_EN_Dic2022.pdf

Naudé, W., Siegel, M., & Marchand, K. (2017). Migration, entrepreneurship and development: Critical questions. *IZA Journal of Development and Migration, 6*(5), Article 5. https://doi.org/10.1186/s40176-016-0077-8

Organisation for Economic Co-operation and Development (OECD). (2023). *OECD Economic Surveys: Peru 2023*. París: OECD Publishing. https://doi.org/10.1787/081e0906-en

Portes, A. (1993). Competing perspectives on the Latin American informal sector. *Development and Change, 24*(1), 1–43. https://doi.org/10.1111/j.1467-7660.1993.tb00473.x

Riaño, Y. (2022). Migrant entrepreneurs: Strategic approaches to small and medium-sized enterprises in the host country while navigating liminality. *Entrepreneurship & Regional Development*. Advance online publication. https://doi.org/10.1177/02662426241258190

Sandoz, L. (2024). Transnational migrant entrepreneurs: Understanding their dependencies, fragilities, and alternatives. *Globalizations*. Advance online publication. https://doi.org/10.1080/14747731.2022.2157149

Sinkovics, N., Hoque, S. F., & Sinkovics, R. R. (2021). A systematic analysis of the migrant entrepreneurship literature: Research trends, contexts, and modeling. *Entrepreneurship & Regional Development, 33*(5–6), 443–473. https://doi.org/10.1080/08985626.2021.1911539

Williams, C. C., & Youssef, Y. (2014). Tackling informal entrepreneurship in Latin America: A critical evaluation of the neo-liberal policy approach. *Journal of Entrepreneurship & Organization Management, 3*(1), 1–9. https://doi.org/10.4172/2169-026X.1000112

Williams, C. C., & Youssef, Y. (2015). Theorising entrepreneurship in the informal sector in urban Brazil: A product of exit or exclusion? *Journal of Entrepreneurship and Innovation in Emerging Economies, 2*(2), 148–168. https://doi.org/10.1177/0971355715586897

World Bank. (2024). *Venezuelans in Chile, Colombia, Ecuador and Peru – A Development Opportunity*. Washington, D.C.: World Bank. https://documents1.worldbank.org/curated/en/099022024085522704/pdf/P17578013f69d804019f8516ffbb072fc34.pdf